SAGEN UND BILDER
AUS DEM
ERZGEBIRGE

DIE WUNDERBARE RETTUNG DES KINDES.

SAGEN UND BILDER AUS DEM ERZGEBIRGE

Nacherzählt und erläutert
von Roger Rössing

TaVe

TAUCHAER VERLAG

Rössing, Roger:
Sagen und Bilder aus dem Erzgebirge
4. Aufl. - [Leipzig]: Tauchaer Verlag, 2022
ISBN 978-3-89772-024-4

Buchgestaltung: Helmut Selle
Herstellung: Neumann & Nürnberger Leipzig
Satz und Reproduktion: XYZ-Satzstudio, Naumburg
Printed in EU

ISBN 978-3-89772-024-4

INHALT

VORWORT

Es ist kein Zufall, daß der Erzbergbau, der dem sächsischen Erzgebirge den Namen gegeben hat, in den Sagen dieser Region eine dominierende Rolle spielt. Der Bergmann, meist überhaupt nicht über geologische, chemische oder mineralogische Zusammenhänge informiert, arbeitend oftmals im Dunkel des Schachtes, umgeben von allerhand latenten oder offenkundigen Gefahren, mußte sich natürlich manche Vorgänge mit Hilfe seiner Phantasie zu erklären versuchen. Das ist eine der Entstehungsursachen dieser Sagen. Eine weitere kann man in dem Umstand vermuten, daß zu einer Zeit, da Metallurgie noch handwerklich betrieben wurde, die Menschen sehr stark von religiösen Vorstellungen geprägt waren und sich natürliche Ereignisse nur als Folgen göttlicher Fügung vorstellen konnten. Auch brachte man in Übereinstimmung mit der Kirche Katastrophen und Pannen gern mit dem Wirken heidnischer Götzen und Dämonen in Verbindung. Eine dritte Möglichkeit der Entstehung von Sagen läßt sich beschreiben als Verquickung von Realität und Erfindungsgabe, wobei tatsächliche Ereignisse der Vergangenheit oder Gegenwart entweder künstlich in einen Erfahrungszusammenhang gebracht oder ausgeschmückt oder mit erdachten Ursachen

und Folgen vermengt wurden. Zudem erfolgte in einer Zeit, die vom Analphabetismus geprägt war, die Weitergabe von Generation zu Generation auf mündlichem Wege, und der Erzähler oder besser die Erzählerin (denn zumeist waren es die Großmütter, die ihren Enkeln Sagen und Märchen erzählten), sie fügten dem Gehörten eigene Kenntnisse, Einsichten und Wunschvorstellungen hinzu, so daß die Sage kein starres, unveränderliches Gebilde war und ist, sondern ein lebendiges, dem ständigen Wandel unterworfenes Wesen.

Die Wichtel und Zwerge sind in den Bergbaugegenden zu Hause, ob es sich nun um die neuzeitlichen Gartenzwerge oder die Zwergenskulpturen der Barockzeit handelt. Das hat vermutlich folgenden Grund: In früheren Epochen wurden vornehmlich Kleinwüchsige für den Bergbau verpflichtet, weil man dadurch wesentlich am Ausbau der Gänge und Schächte sparen konnte. In alter Zeit wurden, das ist belegbar, zum

Beispiel in Bergwerken der Türkei Pygmäen-Sklaven beschäftigt. So sind auch die Sagen des Erzgebirges bevölkert mit Wichten und kleinen grauen Männchen, die Gutes oder Böses zu verkünden haben oder anrichten. Sie haben meist einen grauen Bart und tragen mitunter einen Lendenschurz.

Die besondere Bedeutung von Kreuzwegen, Geistern, Gewittern, Schätzen, Engeln, Schleiern, Irrlichtern und Spuk mutet in unserer aufgeklärten, am nüchternen Materialismus orientierten Zeit mitunter exotisch an. Man kann im Exotischen freilich ebenso das Fremde, Entlegene, Ungewohnte, ja sogar Gefährliche sehen wie das Abenteuer, das neugierig Machende und die Vorstellungskraft Beflügelnde.

Die Reise zu den Ursprüngen von Volkssagen ist ein Ausflug ins Ungewisse. Uhland sagt: Die Sage ist ein Lagerfaß voll edlen alten Weines; wann er angesetzt worden, weiß niemand mehr.

SAGEN UM ORTSCHAFTEN

BÄRENSTEIN

Dort wo der Pöhlabach heute die Grenze zum benachbarten Tschechien bildet, liegt am Fuße des gleichnamigen Berges der Ort Bärenstein, vermutlich von Bergleuten und Waldarbeitern um 1500 an einer Handelsstraße nach Böhmen gegründet. 1551 ist in einer Chronik vom ›Pernsteyn‹ die Rede. Der Berg, 898 m hoch und aus Basalt bestehend, trägt einen Aussichtsturm und ist für seine außerordentlich vielfältige Gebirgsflora bekannt. Steht man auf dem Panoramafelsen, von dem sich eine wunderbare Sicht nach Böhmen, zum Fichtelberg und über die Talsperre Cranzahl hinweg darbietet, so weist eine kleine Gedenktafel an einem Baum darauf hin, daß sich ganz in der Nähe das »Goldkämmerchen« befunden hat.

Die Blume vom Bärenstein

Ein Bergmann war aus der Gegend von Freiberg zum Bärenstein gezogen, weil er sich hier ergiebige Erzfunde erhoffte. Er schürfte Tag für Tag am Fuße des Berges, ohne fündig zu werden. Inzwischen plagte ihn Not, denn er wußte nicht, wie er für sich und seine Familie das Nötigste zum Leben erwerben sollte. So ging er dazu über, auch des Nachts mit einer Lampe zum Berg zu gehen und nach Erz zu suchen. Die vergebliche Mühe verfolgte ihn bis in seine schlaflosen Stunden, ja selbst in die Träume hinein. So träumte er einmal, daß ihm bei der Arbeit ein Engel erschien, der eine blaue Blume in Händen hielt. Der Mann ahnte, daß ihm damit ein hoffnungsvolles Zeichen gegeben werden solle. Tags darauf machte er sich wieder auf den Weg zum Berg. An der Südseite, wo die Felsen steil und schroff abfallen, entdeckte er im Geröll eine zarte blaue Blume, die seiner Traumblume ganz ähnlich sah. Er pflückte sie und betrachtete sie aufmerksam, dabei berührte er unabsichtlich damit den Felsen. Wie erschrak unser Mann, als sich plötzlich ein schreckliches Gepolter und Getöse aus dem Inneren des Berges erhob! Der Bergmann wich zurück und wollte schon enteilen, da öffnete sich der Fels an dieser Stelle und ein kleines graues Männlein erschien. Es wies mit seiner zierlichen Hand in das Innere des Felsspalts, wo im Schatten das blanke Silbererz glänzte und funkelte. Nun legte der Zwerg die Hand an seinen Mund, und unser Bergmann begriff sofort, daß er über alles Erlebte Stillschweigen zu bewahren habe. Der Kleine verschwand, der Berg schloß sich wieder. Doch der Bergmann wußte nun, wo er zu graben habe, und er buddelte und hackte und schaufelte und bohrte, bis ihm der Schweiß in Strömen von der Stirn rann. Schließlich wurde sein Fleiß belohnt – er fand so viel Erz, daß für ihn und die Seinen alle Sorgen ein Ende hatten, ja er konnte sich sogar ein Haus bauen und einige Ersparnisse für die Zeit zurücklegen, da er alt und nicht mehr sehr tüchtig sein würde. Dem grauen Männlein ist er ein Leben lang dankbar gewesen, obwohl er es niemals wieder erblickt hat.

Einem anderen Häuer ist es dagegen schlecht ergangen. Er konnte sein Glück nicht für sich behalten, sondern plauderte den Fundort in der Schenke bei einem Bier aus. Da hat sich ihm der Berg wieder verschlossen. Die Stelle, an der der Stollen gewesen war, blieb bis heute zerklüftet, und der Volksmund gab ihm den Namen »Das Goldkämmerchen«.

EHRENFRIEDERSDORF

Ganz in der Nähe der bizarren Greifensteine, der bekannten sieben Kletterfelsen aus Granit, befindet sich der kleine Ort Ehrenfriedersdorf mit einer originellen Wehrkirche, für die der große niedersächsische Meister Hans Witten 1509 einen prachtvollen Schnitzaltar schuf, den Experten für den bedeutendsten mittelalterlichen Altar Sachsens halten. Berühmtheit erlangte der Ort durch zwei weitere Begebenheiten: 1540 wurde hier von Bergknappen die »Neue Erinfritisdorfische Radpompe« ersonnen, ein damals völlig neuartiges »Kunstgezeug«, das Georg Agricola in seinem Werk über den Bergbau in den höchsten Tönen lobt. Von dem anderen Ereignis, an das sogar ein Denkmal auf dem nahegelegenen Saubergerinnert, handelt die folgende Geschichte.

DIE GREIFENSTEINE.

Die lange Schicht von Ehrenfriedersdorf

In der sächsischen Bergstadt Ehrenfriedersdorf lebte ein junger Bergmann mit dem Namen Oswald Barthel. Er hatte sich durch seinen Fleiß, sein Geschick und seine Umsicht einen so guten Namen gemacht, daß ihm der Obersteiger seine einzige Tochter Anna zur Ehefrau versprach. Oswald arbeitete im tiefen Stollen »Gutes Glück« im Inneren des Saubergs und wurde eines Tages damit beauftragt, einen Durchschlag zu machen, das heißt eine Grube mit der anderen zu verbinden. Dies war eine sehr gefürchtete Arbeit, weil jederzeit die Gefahr bestand, daß angestautes Wasser vom einen in den anderen Stollen hereinbrechen konnte. An einem Novembertag des Jahres 1508 fuhr also Oswald Barthel mit einigen seiner Kameraden hinunter, nachdem sie einander ein hoffnungsvolles »Glück auf!« zugerufen hatten. Vor Ort mußten sie feststellen, daß es sich um ein höchst brüchiges und sprödes Gestein handelte, das man da abzutragen hatte. Sie beschlossen, die Strecke zuerst durch Holz abzustützen. Auf den hölzernen Stempeln ruhte indessen eine gewaltige Erdlast, so daß schon bald ein Knistern und Brechen zu hören war, das sich schnell in mehrfaches heftiges Krachen verwandelte. Einer schrie: »Rettet Euch! Es wird einen Bruch geben!« Die Bergleute sprangen zur Seite, eilten rückwärts, flohen in panischer Angst vor dem wütenden Berg. Nur Oswald zögerte. Obwohl er der Jüngste und Gewandteste von allen war, wurde er von den jäh herabstürzenden Gesteinsmassen verschüttet. Seine Kumpel versuchten alles, um ihn freizugraben, ihn aus der Umklammerung der Steine zu erretten, aber ohne Erfolg. In den Stollen stürzte immer mehr von dem Geröll, so daß nun auch die anderen Gefahr liefen, ebenfalls Opfer des Felseinbruchs zu werden. So brachten sie sich schließlich, erschöpft bis zum Umfallen, in Sicherheit.

Anna fiel, als sie vom schrecklichen Schicksal ihres Bräutigams erfuhr, in Ohnmacht. Später, in die Wirklichkeit zurückgekehrt, war ihr sterbenselend zumute. Sie aß nicht, trank nicht und wurde von einer schweren Krankheit befallen, von der sie sich erst nach Monaten erholte. Als sie zum ersten Mal wieder die Kirche betreten konnte, legte sie ein feierliches Gelübde ab und schwor, ihrem Oswald bis zum Tode treu zu sein, ein Leben lang Jungfrau zu bleiben und auch als Jungfrau zu sterben. Ihren Brautkranz legte sie in aller Stille zu den Kränzen, die den Toten galten.

Nach jenem schwarzen Tag waren viele lange Jahre vergangen. Von denen, die das Unglück miterlitten hatten, lebten nur noch vier Menschen, die inzwischen hochbetagte Anna und drei alte Bergleute. Da begab es sich, daß Bergknappen am Sauberg, in Brünlers Grube, einen neuen Stollen anlegten und dabei auf einen Leichnam stießen. Sie schaufelten ihn frei und stellten fest, daß seine Kleider unverwest waren und sein Körper unversehrt. Man erstattete unverzüglich dem Bergmeister Meldung über den grausigen Fund. Seine ehemaligen Kameraden erkannten Oswald Barthel sofort. Das geschah 1568 – der Leichnam hatte 60 Jahre, neun Wochen und drei Tage unter dem Berg gelegen. Erschüttert stand seine Liebste, nunmehr eine weißhaarige Greisin, vor dem Mann, der ein Jüngling geblieben war.

In einem Leichenbegängnis, wie es der kleine Ort nie zuvor erlebt hatte, brachte man den Bergmann Oswald Barthel im Beisein von tausenden, die ihm das letzte Geleit gaben, wieder unter die Erde. Seine greise Braut wünschte sich im Angesicht des Sarges, dem Geliebten folgen zu können. Diese Bitte wurde ihr schon bald erfüllt, und beide liegen nun vereint in einem Grabe. Noch über Jahrhunderte hinweg feierte die Bergknappschaft in Ehrenfriedersdorf am Ostermontag die »Lange Schicht« …

TELLERHÄUSER

Zwischen Rittersgrün und dem höchstgelegenen deutschen Ort Oberwiesenthal liegt Tellerhäuser. Die Hütten und Gehöfte schmiegen sich idyllisch an die steilen Berghänge. Schon in alter Zeit wurde hier in der »Bleizeche Wiesenthal« das Bleierz (genannt Galenit oder Bleiglanz) abgebaut und geschmolzen. Eine Besonderheit des Ortes ist das 19 Hektar große und in tausend Meter Höhe gelegene Naturschutzgebiet »Pfahlmoor« mit zahlreichen vom Aussterben bedrohten Pflanzenarten.

Die Tellerschen Häuser bei Wiesenthal

Im 16. Jahrhundert geschah es, daß in Wiesenthal eine Grube geschlossen werden mußte, weil sie nicht mehr genügend Ausbeute versprach. Der Bergherr war so selbstgefällig und hartherzig, daß er seinen Knappen die Lohnzahlungen verweigerte, die ihnen noch zustanden. Unter ihnen war ein Bergmann namens Andreas Teller, der besonders hart vom Schicksal geschlagen war, denn seine Frau lag krank darnieder, und er mußte alles, was er besaß, verkaufen, damit sie und seine drei Kinder nicht verhungerten.

Am Ostersonntag begab es sich nun, daß Teller in der Kirche kniete und um Besserung seiner Verhältnisse betete. Plötzlich sah er unter der Kanzel eine Gestalt in kostbarem Festtagsputz stehen, die ihm selbst aufs Haar glich. Diese Person hielt ein Stück blendend glänzendes pures Silber in Händen. Er glaubte, ihn narre ein Spuk. Er schüttelte sich und schloß die Augen ... Als er von neuem hinsah, stand dort noch immer sein gut gekleideter Doppelgänger und sah ihn an, und es war, als blicke er in einen Spiegel …

Auf dem Heimweg begegnete Teller einem Fremden, der ihn anhielt und fragte, was ihn denn bedrücke – er sähe so unglücklich und verzweifelt drein. Teller antwortete mit trockenen Worten, wie es um ihn und seine Familie stand. Da schenkte ihm der Fremde ein Goldstück.

Diese Begegnung gab dem armen Häuer neuen Mut, und gleich nach den Feiertagen erwarb er für das Geld beim Bergmeister eine Erlaubnis zum selbständigen Schürfen und begann alsbald mit Zuversicht und gestärkten Kräften, im Berg nach Erz zu suchen. Als der erste Tag verronnen war, ohne daß sich ein Hoffnungsfunke gezeigt hätte, setzte er sich nieder und stärkte sich mit einem Stück trocken Brot. Da steckte plötzlich eine Maus ihr spitzes Schnäuzchen aus dem Loch. Sie schnupperte und holte sich dann ganz zutraulich und ohne Furcht die heruntergefallenen Krümchen. Teller sah dem Tier mit Wohlwollen bei seiner bescheidenen Mahlzeit zu. Als die Maus jedoch anfing, an seiner Grubenlampe zu knabbern, da sagte er: »He, laß das, freche Maus!«, und als sie sich davon gar nicht stören ließ, warf er seinen Schlägel nach ihr. Er verfehlte sie zwar, doch es platzte ein ordentliches Stück Gestein ab. Und siehe da! Dahinter funkelte ein ganzes Feld gediegenen Silbers! Er traute zuerst seinen Augen nicht. Doch dann wußte er sofort, daß damit seine Armut ein Ende haben würde, und lief nach Hause, um den Seinen von dem überraschenden guten Fund zu erzählen.

Teller wurde ein vermögender Bergherr. Aber er hatte aus seiner Not gelernt und vergaß nie, seinen Knappen gutes Geld zu geben und den Armen des Ortes Hilfe zu gewähren, wann immer sie sie brauchten. Für seine drei Söhne baute er zwischen Wiesenthal und Rittersgrün drei Bauernhöfe, die nach dem Eigentümer die »Tellerhäuser« genannt wurden und den Grundstock für eine neue Ansiedlung bildeten.

FREIBERG

Um 1168 entdeckte man in der Freiberger Gegend die ersten Blei-, Zink- und Silbererze, deren Reichtum dann dazu beitrugen, daß die Stadt zum Zentrum montanwissenschaftlicher Lehre und Forschung werden konnte. Die Bergakademie, gegründet im Jahr 1765, ist die älteste bergbautechnische Hochschule der Welt. Die Kunde von der Auffindung der Erze, besonders des begehrten Silbers, verbreitete sich im Nu über

WAPPEN UND SIEGEL FREIBERGS.

ganz Deutschland, ja über Europa, und löste das »Bergkgeschrey« aus, das Schwärme von zwielichtigen Geldgierigen, von Abenteurern, aber auch von hoffnungsvollen, ehrenwerten Bürgern herbeilockte »... als wie zu einer Wallfahrt«, wie es in einer zeitgenössischen Bergchronik heißt. Die Markgrafschaft Meißen entwickelte sich in diesen Jahren zum wirtschaftlich stärksten Gebiet ganz Deutschlands, und Otto, Markgraf von Meißen, wurde zu »Otto dem Reichen«. Sein Denkmal ziert heute den Freiberger Marktplatz.

Wie in Freiberg Silbererz entdeckt wurde

In Halle an der Saale gab es seit undenklichen Zeiten ergiebige Salzstöcke, und man verkaufte das begehrte Lebensmittel Salz nach allen Himmelsrichtungen mit großem Gewinn. Da waren also Hallenser Fuhrleute wieder einmal mit ihrer Fracht nach Böhmen unterwegs. In der Gegend, wo das böhmische und das sächsische Erzgebirge aufeinandertrafen, also dort, wo heute die Stadt Freiberg liegt, mußten sie ihre Reise unterbrechen, weil ein schreckliches Gewitter herniederging. Aus schwarzen Wolken fuhren grelle Blitze zur Erde, und in Strömen ergossen sich Sturzbäche von Regenwasser, wohl auch ganze Kaskaden von Schloßen auf das Land. Als sich nach langer Zeit endlich wieder Helligkeit am Horizont zeigte, schnürte man die Planen und rüstete sich zur Weiterfahrt. Wie erstaunt waren die Männer, als sie zu ihren Füßen plötzlich gediegenes Bleierz funkeln sahen. Sie kannten derlei vom Goslarischen Bergbau, wo schon seit einiger Zeit Erz geschmolzen wurde, das man »Glanz- und Bleischweif« nannte. So verluden sie also Etliches auf ihre Wagen und schafften es, nachdem sie ihr Salz geliefert hatten, nach Goslar zur Untersuchung. Dort stellte man fest, daß das mitgebrachte Erz einen viel höheren Silbergehalt hatte als alle bisher bekannten. Sogleich machten sich eine ganze Anzahl von erfahrenen Bergmännern auf den Weg. Sie ließen sich von den Fuhrleuten die Fundstellen zeigen, schürften und förderten, bauten Pochwerke und Schmelzhütten, und es wimmelte bald schon von fleißigen Leuten – und von solchen, die aus dem Fleiß der anderen ihren Nutzen ziehen wollten. So ist die Bergstadt Freiberg entstanden.

DER OBERMARKT ZU FREIBERG UM 1830.

DER DOM ZU FREIBERG.

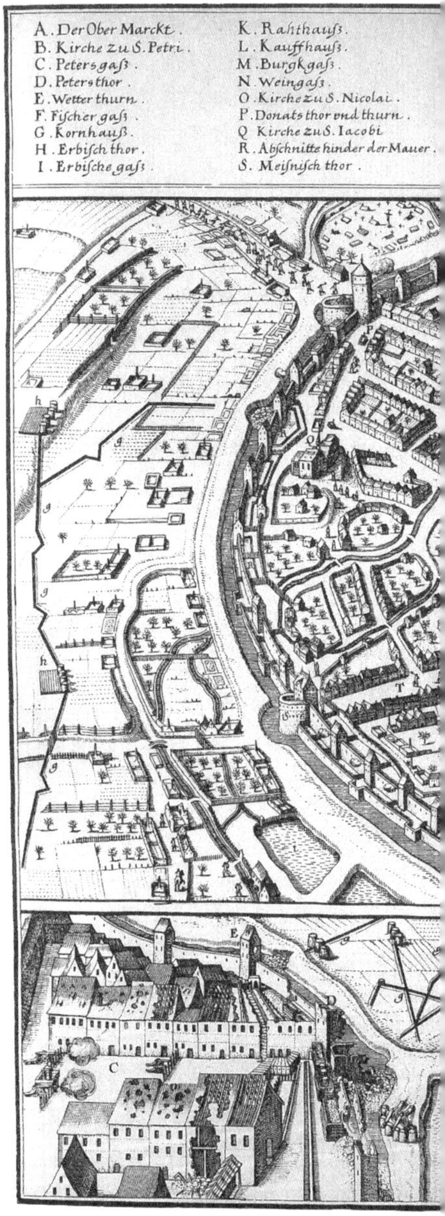

T. Meißnische gaß.
V. Alte Marckt.
W. Thum Kirche.
Y. Churfl: Begrebnüs Capell.
Z. Das Schloß
a. Creutz thor.
b. Nonnen gaß.
c. Rahts Marstall.
d. Fleischbäncke.
e. Schwedische Armee.
f. Hospital.
g. Schwedische Lauffgräben vnd Approchen.
h. Schwedische Batterien.
i. Deiche.
K. Brech beim Petersthor.
ie Statt Freyberg in Meissen
Sampt der Belägerung Anno 1643.

Materieller Reichtum ist immer die Voraussetzung für kulturelle Blüte, oftmals bringt er auch Stile, Strömungen, Trends künstlerischer Entwicklung hervor. Freiberg ist ein solcher Kristallisationspunkt, an dem im Mittelalter, aber auch in späteren Epochen Höhepunkte der Kunst entstanden, der Architektur ebenso wie der bildenden Kunst, ja sogar der Musik. Neben vielem Erwähnenswerten seien nur die Glanzlichter hervorgehoben: Der Freiberger Dom mit seiner Goldenen Pforte, die ursprünglich den Eingang zur romanischen Kirche bildete und das erste Figurenportal auf deutschem Boden ist. Auch die Tulpenkanzel im Dom, ein Meisterwerk des Hans Witten, stellt eine Einmaligkeit dar. Zahlreiche architektonische Kleinodien zieren die Bürgerhäuser und das Rathaus, Reliefs, die Ausschnitte aus früherem Alltagsleben anschaulich schildern, Porträts von Bergmeistern, Ratsherren und Adligen, Wappen, Skulpturen und Inschriften in reicher Fülle. Nicht zuletzt ist Freiberg die Stadt gewesen, in welcher der König der Orgelbauer, Gottfried Silbermann gewirkt hat. Allein vier seiner klingenden Meisterwerke sind in der Stadt Freiberg und ihren Vororten erhalten geblieben.

Das Gebet von Freiberg als Lebensretter

Ein Freiberger Bergknappe, der als stiller und bescheidener Bürger galt, ließ sich von liederlichen Kumpanen in der Fastnachtszeche zu etlichen gottlosen Sprüchen verleiten, gab sich mit ihnen der Völlerei hin, und während sie soffen und unmäßig Speisen zu sich nahmen, grölten sie auch Lieder, welche die geheiligten Dinge verhöhnten. Der Mann brüstete sich damit, daß er lieber in die Hölle fahren würde als in den Himmel, weil er annahm, dort gesellig-lustigen Umgang zu haben, während ihm Engelschöre und Psalmensingen doch recht freudlos und ermüdend schienen. Auf dem Heimweg ist dem Mann der Teufel in haarsträubend schrecklicher Gestalt erschienen. Er hat ihn begleitet und ihm versprochen, er werde schon dafür sorgen, daß es ihm in der Hölle an nichts fehle, vor allem nicht an Saufkumpanen und sündiger Lustbarkeit. In den nächsten Tagen ist der Satan sogar mit ihm in die Grube gefahren und hat nicht aufgehört, ihn zu beschwatzen und zu bedrängen. Der Bergmann kam zur Besinnung, denn er fand überhaupt keine Ruhe mehr, bis er schließlich seinen Beichtvater um Rat anging. Er nahm das Abendmahl und vermied es fortan, in schlechte Gesellschaft zu geraten. Da hielt sich der Teufel von ihm fern.

Als er eines Tages zusammen mit anderen Häuern am Morgen einfahren wollte, verrichtete er, wie es der Brauch war, vorher in der Kapelle beim Zechenhaus das gemeinschaftliche Gebet. Gerade als man das Amen sprach, brach ein schreckliches Getöse an. Der Schacht stürzte mit zwei Radstuben und der Kaue krachend in sich zusammen, nur eine mächtige Staubwolke hinterlassend. Es gab ein solches Gedröhn und Gepolter, daß es die Leute noch weithin hören konnten, und die Erde zitterte. So hat das Gebet unserem Häuer und seinen Kameraden das Leben gerettet. Wären sie ohne Gebet eingefahren, wäre keiner von ihnen lebendig davongekommen.

Das Freiberger Land als Wiege des Erzschürfens ist mittlerweile durchzogen von einem ganzen Netzwerk der Stollen und Schächte. Man spricht von 1100 unterirdischen Gängen, in denen an die hundert Mineralien nachgewiesen wurden und die teilweise bis zu zehn Kilometern Länge aufweisen. Für ein solches System, das um die Jahrhundertwende stillgelegt wurde, fand man eine neue Verwendung: In 272 Metern Tiefe legten Ingenieure ein Kraftwerk an – das erste Untertagekraftwerk der Welt wurde am Heiligabend des Jahres 1914 eingeweiht. Doch zurück in die Tage des frühen Bergbaues…

Eine mißachtete Warnung

Ein Bergknappe erzählte am Morgen seinem Wirt von einem schlechten Traum: Er lag in seinem Bett, und plötzlich stand vor ihm die weiße Gestalt eines Berggeistes, die beschwörend die Hände erhob und ihm zuraunte: »Gib acht!« Danach löste sich die Erscheinung allmählich in Nichts auf. Der Hauswirt beschwichtigte den Mann und sagte: »Ach was, Träume sind Schäume.« Worauf der Knappe erwiderte, es komme ihm so vor, als sei er sogar wach gewesen, als er das träumte. »Nun denn«, sagte der Wirt, »dann könnt ihr euch nur bei eurer Arbeit ganz besonders vorsichtig verhalten. Aber seid bloß nicht verzagt, denn dem Verzagten stößt viel schneller etwas zu als dem Beherzten.«

Der Bergmann fuhr also ein und widmete sich seiner schweren Arbeit. Bald schon hatte er das nächtliche Ereignis aus seinen Gedanken verloren. Als er sich einmal niedersetzte, um Atem zu schöpfen, fiel vor seinen Füßen ein Stückchen Steingeröll auf den Boden. Er blickte nach oben, zur Firste, sah aber nichts Verdächtiges, so daß er bald schon unbekümmert sein Tagewerk fortsetzte. Doch es vergingen keine fünf Minuten, da krachte es im Gebälk. Steinbrocken stürzten herab und zerschmetterten dem armen Bergknappen die Glieder. Da er gebückt gearbeitet hatte, war sein Oberkörper verschont geblieben. Er hatte schreckliche Schmerzen, wimmerte und schrie, so daß bald Hilfe kam. Seine Kameraden befreiten ihn von dem Geröll und trugen ihn vorsichtig nach Hause. Als der Hauswirt seinen jämmerlichen Zustand sah, sprach er: »Seht ihr, wir waren beide ungläubig – es war heute nacht doch wohl ein Zeichen, das euch gegeben werden sollte!« Der Ärmste, der kaum sprechen konnte, stöhnte: »Ja, ich wurde sogar noch ein zweites Mal gewarnt, habe aber des Berggeistes Fingerzeig in den Wind geschlagen. Wie leicht hätte ich dem Unheil entrinnen können...« Noch bevor der Morgen anbrach, war der Knappe tot.

GEYER

Die hübsche Stadt mit ihren charakteristischen Türmen ist keine Bauernsiedlung wie andere Orte im Greifensteingebiet, sondern wurde von Bergleuten gegründet – wie man vermutet, gegen Ende des 14. Jahrhunderts. Die Haupt-Erzvorkommen enthielten Zinn, aber auch Kupfer und Silber wurden gelegentlich verhüttet. Geyer ist ein Mahnmal dafür, wie gefährlich das Gewerbe der Bergleute gewesen ist und wie verzweifelt ihre soziale Situation war. Schon in »Zedlers Universallexikon« von 1733 kann man nachlesen: »Wie nun nicht zu läugnen, daß ein Bergmann saure Arbeit hat; also sind ihm auch im Gegentheile viele Vortheile in Ansehung dessen gegönnet. Denn wenn einer in derer Gewercken zu Schaden kömmt oder von Krankheit befallen wird, gleichwohl keine Hoffnung zur Wieder-Genesung vorhanden ist, so soll ihm 3–4 Wochen das Lohn, wenn er aber gleich todt blieben, die nothdürftigen Begräbnißkosten verschrieben werden.« So sind 1704 ›mehrere in deren Gewercken zu Schaden gekommen‹, weil in rücksichtslosem Raubbau die Sicherheit vernachlässigt wurde. Der ganze Bergbaubetrieb stürzte ein und begrub unter sich zahlreiche Männer und sogar einige Kinder (noch 1733 arbeiteten hier 103 Bergleute, unter ihnen dreizehn Jungen unter 14 Jahren). Die Einbruchstelle, Pinge genannt, mißt heute 160 x 200 Meter und ist 70 Meter tief.

Die Entstehung der Stadt Geyer

In einem für das ganze Erzgebirge schlimmen Jahr (es wütete die Pest, und der Hunger war in allen Hütten täglicher Gast) hatten einige Geier, die über den Bergen kreisten, dem Hühnerhof des Bauerngutes Tannenberg einen schmerzlichen Schaden zugefügt und fast alle Hennen getötet. Der Gutsbesitzer sattelte sein Pferd und wollte den Räubern nachstellen, aber bald schon hinderte ihn dichtes Gestrüpp am Weiterkommen. Also band er sein Roß an einen Baumstamm und suchte zu Fuß in das Dickicht vorzudringen. Richtig, nicht lange brauchte er zu suchen, da spürte er schon den Horst der Übeltäter auf. Mit Schwert und Axt zerstörte er den Nistplatz, und auch einen der Raubvögel konnte er erlegen. Als er zu seinem Reittier zurückkehrte, nahm er etwas Ungewöhnliches wahr: Es hatte mit seinen Hufen ungeduldig gescharrt und dabei war glitzerndes Zwittergestein zutagegetreten. Der Gutsherr nahm einige von den entblößten Erzstücken auf und brachte sie zu einem Bergmeister, der in der Nähe seine Hütte hatte. Der kam schon bald mit einigen Bergknappen zu der bezeichneten Stelle, wo man zu graben und zu schlagen anfing.

GEYERSBERG.

Binnen kurzer Zeit bildete sich an dem Ort eine bedeutende Ansiedlung, die man in dankbarer Erinnerung an das Vorkommnis »Geyer« nannte.

EIBENSTOCK

Die Stadt liegt auf einer Hochfläche, die im Norden und Westen von der Zwickauer Mulde, im Osten von der Großen Bockau begrenzt wird. Sie wurde um 1200 als oberfränkische Bauernsiedlung gegründet. Schon früh hat man hier die Zinnwäsche betrieben – im Stadtwappen ist neben dem Kleeblatt auch die für den Zinnbergbau typische ›Seifengabel‹ enthalten.

EIBENSTOCK.

Wie Eibenstock zu seinem Namen kam

An der Stelle, wo heute die Eibenstocker Kirche steht, soll in grauer Vorzeit eine mächtige Eibe gestanden haben, bei der sich die einfahrenden Bergleute vor der Schicht versammelten, um zu beten. Als man die erste Kirche baute, mußte der schöne Baum diesem Bauwerk weichen. Aus seinem Stamm wurde der Pfeiler für die Kanzel geschnitzt – und aus seinem Namen erhielt die Stadt den ihren.

ZINNWALD

Der höchstgelegene Ort des Osterzgebirges ist, wie schon sein Name sagt, durch die Förderung von Zinnerz berühmt geworden, das bei den Bergleuten »Zwittergestein« heißt. Der Ort hat sogar einem Mineral, das man hier zum ersten Mal fand, seinen Namen gegeben, dem »Zinnwaldit«. Goethe hat sich während seiner Studien zum Erzbergbau 1813 hier aufgehalten und wichtige Erkenntnisse von Zinnwald mit nach Hause genommen. Wer sich über die interessante Technologie und über die Arbeitswelt unter Tage informieren möchte, der sollte einen Besuch im Besucherbergwerk »Vereinigt Zwitterfeld zu Zinnwald« nicht scheuen.

Drei Brüder in Zinnwald

Im böhmischen Krupka (Graupen) bei Teplitz hatte sich ein solcher Erzreichtum im Boden gefunden, daß der Ruf der Stadt schon bald über die Grenzen gedrungen war. Drei Brüder aus Sachsen, die im Erzbergbau ihr Glück versuchen wollten, zogen mit ihren Frauen hinüber und steckten ihr Revier ab. Schon nach kurzer Zeit wurden sie fündig und förderten erhebliche Mengen von Silbererz zu Tage. Ihre Zeche nannten sie REGINA. Ihr Reichtum mehrte sich zusehends. Trotzdem blieben die drei Familien fromm und strebsam, fleißig und bescheiden. Den Armen gaben sie von ihrem Wohlstand ab, und auch die benachbarten Klöster bekamen von ihnen manche Zuwendung. Doch es kam der Tag, da die Ausbeute spärlicher wurde. Schließlich war sämtliches Silber aus dem Boden verschwunden, und alle Mühen, neue Erzadern oder Gänge zu erschließen, waren zum Scheitern verurteilt. Als man nichts mehr fand und vom Ersparten leben mußte, stellte sich zwar keine Not, aber immerhin ein gewisser Mangel ein. Die Männer verkauften Haus und Hof und klagten einander ihr Leid, weil sich ihre Ehefrauen weigerten, ihren kostbaren Schmuck zu opfern.

Der Jüngste unter den Brüdern erzählte eines Tages von einem sehr glücklichen Traum: Er arbeitete im Stollen und hatte wenig Erz unterm Schlägel, da rief ihm eine Stimme den Bergmannsgruß »Glück auf!« zu. Vor ihm stand ein unscheinbarer Zwerg mit einer Grubenlampe in der Hand. Der sagte, daß er die Brüder schon längere Zeit aufmerksam beobachte. Ob sie denn nicht merkten, daß das Glück sie verlassen habe und sie lieber an einem anderen Ort noch einmal von vorn anfangen sollten. Dieser Ort allerdings sei mehr im Gebirge zu finden. Mit einem neuerlichen »Glück auf!« verschwand der kleine Kerl so, wie er gekommen war.

Der Traum erfüllte alle drei mit neuer Hoffnung. Schon am nächsten Morgen machten sie sich auf den Weg. Als sie auf dem Kamm des Erzgebirges angelangt waren, verschnauften sie und berieten darüber, wo man denn am besten beginnen solle. Da stand plötzlich der kleine Mann vor ihnen, lachte sie an und sagte: »Was seid ihr nur für wunderliche Köpfe!« Und schon war er wieder weg. Die Brüder sahen einander an und begriffen, daß der Wicht ihnen wohlgesonnen war und einen Fingerzeig geben wollte. Dort, wo er soeben noch gestanden hatte, begannen sie die Hacke in den Boden zu schlagen – und schon nach wenigen Anstrengungen stießen sie auf eine mächtige Zinnader. Am selben Ort gründeten sie eine Zeche, die sie »Zu den drei wunderlichen Köpfen« nannten. Sie machten keinen Hehl aus ihrem Glück, so daß sich auch andere Bergleute hier einfanden und den Bergen ihren Reichtum entrissen. Da man erkannte, daß die gesamte Umgebung reich an Zinnerz war, ja daß der ganze schöne Wald auf Zinnerz gewachsen war, nannte man den Ort »Zinnwald«. Die drei Brüder hatten tatsächlich ein neues Glück gefunden. Ihre Zeche erbrachte so reichen Gewinn und Vermögen.

BERGLEUTE BEI DER ARBEIT. HOLZSCHNITT 1556.

DIPPOLDISWALDE

Die Ansiedlung, die sich zusammen mit einer Burganlage entwickelte, wurde 1218 zum ersten Mal in einer Chronik genannt. Schon wenige Jahre später erlangte der Ort durch seine Silbervorkommen eine gewisse Bedeutung. Im 15. und 16. Jahrhundert blühte das Bergwesen auf, nun auch aufgrund anderer Erzfunde. Die Burg wurde zum Schloß umgebaut. Für Fremde sehenswert ist die Stadtkirche St. Laurentius mit ihrer hölzernen Kassettendecke von 1642, bemalt von Hans Planitz, sowie die Basilika St. Nikolai aus dem 13. Jahrhundert.

Die Einsiedelei von Dippoldiswalde

In der Zeit des frühen Mittelalters war die Gegend hier wüst und unbebaut. Urwald bedeckte den größten Teil der Flächen. In den Wäldern hauste ein Eremit mit Namen Dippoldus, der führte ein so frommes und gottesfürchtiges Leben, daß die Kunde davon bis nach Rom drang und der Papst ihn in die Liste der heiligen Personen aufnahm.

Um diese Zeit hatte der böhmische Herzog »Boleslaw der Gottlose« einen Brudermord begangen. Vom schlechten Gewissen getrieben, kam er nun häufig in die Gegend, um bei der Jagd auf andere Gedanken zu kommen. Bei einer solchen Gelegenheit entdeckte er die Einsiedelei des heiligen Dippold. Er suchte dessen Rat, kam mit ihm ins Gespräch und tauschte sich des öfteren mit dem heiligen Mann aus, was dazu führte, daß der Übeltäter sich von seinen Sünden abwandte und am Ende den Eremiten sogar darum bat, ihn zu taufen. Um seiner Wandlung auch einen äußerlichen Aus-

DIPPOLD TAUFT HERZOG BOLESLAW.

druck zu verleihen, stiftete er an der Stelle, wo heute die Stadtkirche steht, eine kleine Kapelle, die er ›Sancti Dippoldi Silva‹ nannte (Des heiligen Dippolds Wald). Und er setzte den Eremiten zum Priester ein, denn die gesamte Gegend stand damals unter böhmischer Herrschaft.

In den darauf folgenden Jahren kamen viele Leute von ferne herbei. Einmal um den Heiligen zu besuchen, zum anderen weil auch hier der Bergbau aufzublühen begann. Viele blieben und siedelten sich im Tal der roten Weißeritz an. Da jedoch das Flüßchen des öfteren Hochwasser führte und immer von neuem die Häuser der Leute beschädigte oder gar gänzlich wegschwemmte, zogen sie sich auf die Höhe zurück und gründeten dort, wo sie heute noch steht, die Stadt, die sie »Dippoldis Wald« nannten.

ALTENBERG

Auch die Stadt Altenberg ist eine Bergbaugründung. Zwischen 1577 und 1599 wurden hier fast 100 000 Zentner Zinn gewonnen! Experten schätzen, daß an diesem Ort die größten Zinnvorräte Europas lagerten. Die aufschlußreiche »Altenberger Pochwäsche« läßt damalige Technologie anschaulich wieder lebendig werden. Seit einem halben Jahrtausend ist der Ort berühmt für seine Wasserkünste Aschergraben, Neugraben, Quergraben, den kleinen und den großen Galgenteich, künstlich angelegten Seen, von denen der größere 18 Hektar Fläche und 30 000 Kubikmeter Wasser hat.

Ascher und der Aschergraben

Die kunstvolle Anlage »Aschergraben«, die auf einer Länge von 6,5 km über drei Berge hinweg den Altenberger Pochwäschen Wasser zuführt, hat schon seit ihrem Entstehen im 15. Jahrhundert die Bewunderung von Reisenden erregt. Ebenso bewunderns- und staunenswert ist ihre Geschichte.

ALTENBURGER ZINNBERGBAU.

Ein Handwerker namens Ascher hatte (was ihm niemals bewiesen werden konnte) einen Transport ausgeraubt und wurde vom Gericht deshalb zum Tode verurteilt. Während er die qualvolle Zeit bis zur Vollstreckung der Strafe mit Warten hinbrachte, erreichte ihn die Kunde, daß es zum Betreiben der Altenberger Erzmühlen an dem notwendigen Wasser fehlte. Er hatte die Gegend früher ausführlich bereist und kannte auch die Kartenwerke. So kam ihm die Idee, man könne die Wasser des Toten Kinds (aus dem Böhmischen) und des Häuerwassers (aus dem Sächsischen) nach Altenberg leiten, wenn man nur einen Graben baut, der lang genug dafür ist. Er richtete ein Gesuch an die Bergbehörde, in dem er vorschlug, falls man ihn begnadigt, so lange er lebe an einem solchen Graben zu arbeiten. Die Bergherren entschlossen sich, einem solchen Ansinnen statt zu geben, und so hat Ascher mit seiner Hände Arbeit, Tag für Tag, Woche für Woche, Monat um Monat, Jahr um Jahr geschachtet und geschaufelt, bis endlich die Verbindung geschaffen und Altenberg mit dem segensreichen Wasser versorgt war. Goethe, der am 11. Juli des Jahres 1813, von Teplitz kommend, am Aschergraben entlang spazierte, hat die Geschichte mit Rührung und Anteilnahme zur Kenntnis genommen und seine geologischen Studien mit der ungewöhnlichen Legende bereichert.

Ähnlich wie in Geyer hat auch in Altenberg eine Bergbaukatastrophe stattgefunden. Das Dröhnen des Zusammenbruchs war bis zur Residenzstadt Dresden zu hören gewesen. Die gewaltige Pinge am Rande der Stadt (mit 2,5 Hektar Fläche die größte Einsturzstelle Europas) spricht in einer eindringlichen Sprache über dieses Unglück noch heute zu uns.

Der schreckliche Bergeinsturz zu Altenberg

Schon ein Jahr zuvor war ein Bergsturz geschehen, doch nun am 24. Januar des Jahres 1620 ereignete sich das schlimmste Unglück, das neben den Kriegsereignissen der Stadt jemals widerfahren ist. Dabei brach die bereits vorhandene Pinge tiefer ein und nahm vier Zechen, einen Schacht und das Haus des Bergschmieds mit in die Tiefe. Obwohl dadurch der größte Teil des Ortes stark erschüttert worden ist, blieb doch das meiste durch Gottes Gnade unversehrt. Auch sind die meisten der versunkenen Bergleute nach und nach wie durch ein

DER BERGEINSTURZ BEI ALTENBERG.

Wunder errettet worden. Nur einen hat man niemals wieder gesehen, den alten David Eichler, der alle Warnungen in den Wind geschlagen und alle Verstrebungen, eine nach der anderen, weg geschlagen hat. Auch soll er an dem Unglückstage ohne vorheriges Gebet in den Schacht gefahren sein. Als man neun Jahre später in den eingestürzten Resten nachgrub, fand man lediglich eine Filzmütze, die die meisten für die Fahrmütze jenes Eichler hielten.

Das große Unglück hat sich allerdings nicht ohne Warnung von oben ereignet. So hat man mehrmals vorher, wenn die Häuer frühmorgens zwischen vier und fünf Uhr im Zechenhaus vor dem Einfahren ihr Gebet sprachen, ein weißes Pferd wahrgenommen, das im rasenden Lauf bis zum Ende der Pinge hinübersprang und danach entschwand.

Obwohl verläßliche Informationen dies bestreiten, hält sich noch immer der Glaube an gewaltige Ausdehnungen des Zwitterbergwerks in Altenberg. Manche berichten, daß ganz Altenberg bis hinauf zum Schießhaus völlig unterminiert sei. Auch wird behauptet, daß unter dem Ort ein unermeßlicher Hohlraum liege – nur unter der Kirche habe man einen Pfeiler stehen lassen, um das Gotteshaus nicht zu gefährden und dem Massedruck zu begegnen, der von dem Kirchenbau ausgehe und dem Bergwerk gefährlich werden könne. Mit dieser Sage hängt die jahrhundertalte Weissagung zusammen:

Altenberg wird untergehn,
Geising unter Wasser stehn,
Lauenstein in Feuer aufgehn,
[xxx] die neue Bergstadt sein.

(Nach Belieben wurden an dieser Stelle gewünschte Ortsnamen eingesetzt).

BRAND-ERBISDORF

Die Bergstadt gehört zur südlichen Region des Freiberger Bergreviers. Der älteste Teil ist der Flecken Brand, der an einem zur Striegis fließenden kleinen Bach mit Namen »Erbisdorfer Wasser« gegründet wurde. 1532 mußte das Kloster Altzella, dem das ganze Gebiet gehörte, wegen der ungeheuren Silberfunde den Ort Brand an Georg den Bärtigen abtreten. Obwohl man wegen des Bergwassers nicht tief schürfen konnte, wurden schon wenige Jahre später zweihundert Gruben betrieben. Mehrere Bergbau-Halden sind heute noch zu besichtigen.

Der Ursprung der Bergstadt Brand

In den Wäldern, die das ganze Freiberger Landschaftsgebiet früher bedeckten, lebte ein Köhler namens Klaus mit seiner Tochter Margarete. Ein junger Mann, aus Thüringen zugereist, arbeitete als Gehilfe des Köhlers. Er warb um die Gunst des hübschen Mädchens, doch diese erwiderte seine Gefühle nicht. Der Zufall wollte es, daß ein Bergmann aus Freiberg im Walde gestürzt war und in der Köhlerhütte gepflegt werden mußte. In den verliebte sich Margarete. Da er auch dem Köhler gefiel, wurde Margarete seine Frau. Der Thüringer hatte alle diese Vorgänge voller Neid und Eifersucht miterlebt. Er gönnte dem Rivalen das Glück nicht. Als das Paar die Hochzeitsnacht feierte, zündete er die Hütte an. Helle Flammen loderten aus den Fenstern und aus den Dachsparren. Auch griff das Feuer auf den Wald über, und die jungen Eheleute, die sich mit Mühe aus der Glut retten konnten, versuchten zu löschen.

Doch erst ein starker Regen, der gegen Morgen einsetzte, brachte den Brand zum Stehen. Die Hütte war vernichtet, der alte Köhler in dem Feuer umgekommen.

Das Paar, ganz trostlos ob der schmerzlichen Verluste, suchte in Freiberg Freunde auf, um zu beraten, wie das Leben weitergehen könne. Die machten ihnen Mut und erklärten sich bereit, zu helfen, wenn sie in der Nähe der alten eine neue Hütte errichten würden. Schon bei den ersten Spatenstichen für das Fundament stießen sie auf Rotgültigerz (so nennen die Bergleute das stark silberhaltige Mineral Pyrargurit, das eine rote Farbe annimmt, wenn man es reibt). Der junge Mann legte sogleich eine Grube an, die er »Segensfürst« nannte. Die Ausbeute dieses Bergwerks brachte so viel, daß ein viel schöneres Haus entstehen konnte als das alte, verbrannte. Die beiden Liebenden aber fanden hier endlich die Grundlage für ein gutes und sorgloses Leben. Ob der Brandstifter entflohen oder in dem Inferno umgekommen ist, weiß man nicht. Keiner hat ihn jemals wieder gesehen.

Herzog Georg der Bärtige hat später alle an dieser Stelle gebauten Gruben, Hütten und Zechenhäuser zu einer Gemeinde vereinigt, die er »Brand« nannte, weil die Entdeckung des Erzes einem Brand zu verdanken gewesen war.

GEORG DER BÄRTIGE VON SACHSEN. HOLZSCHNITT VON LUKAS CRANACH.

ZÖBLITZ

Das Städtchen Zöblitz wird urkundlich zum erstenmal 1223 als »stetechen Zcobelin« erwähnt. Es hat kaum Sehenswürdigkeiten, keine Attraktionen, wenn nicht – ja, wenn nicht der Serpentinsteinbruch wäre, der den »sächsischen Marmor« hervorbringt, einen in aller Welt hochgeschätzten Rohstoff für Kunstwerke aller Art vom Altar bis zum Salzfäßchen, vom Portal bis zum Schreibzeug. Den gelblich-grünlichen Zöblitzer Serpentinstein findet man unter anderem in Dresden (Frauenkirche, Grünes Gewölbe, Semperoper, Hofkirche), am Grabmal Abraham Lincolns in Springfield, am Denkmal für Königin Victoria von England, im Kasino von Monaco und und und ... Der Name übrigens kommt aus dem Lateinischen: serpens heißt die Schlange, und der Zöblitzer Stein hat oftmals eine Maserung, die an die Struktur der Schlangenhaut erinnert.

Die Entdeckung des Zöblitzer Serpentinsteins

An einem schönen Sommertag des Jahres 1480 hütete der Bauernjunge Matthias Brendel die Ziegen des Bergmeisters Christof Illgen. Er vertrieb sich die Zeit damit, aus Weidenruten kleine Flöten zu schnitzen. Dabei war sein Messer stumpf geworden, und er nahm einen der umherliegenden Steine auf, um es daran zu schleifen. Da beobachtete er etwas seltsames: Das Messer verursachte eine Höhlung im Stein! Es handelte sich also um einen schnitzbaren, leicht verformbaren Naturstein. Der Junge erzählte dem Bergmeister von seiner Beobachtung, und dieser erkannte sofort den Wert der Entdekkung. Er hatte die Idee, aus dem weichen Stein zunächst

Gebrauchsgegenstände herstellen zu lassen, von Schnitzern und von Drechslern. Seitdem wird in Zöblitz der Serpentin- oder Schlangenstein gebrochen. Es war der Beginn einer für die Region wirtschaftlich ergiebigen Epoche.

MARIENBERG

Der Stadtkern ist eine Kostbarkeit vergangener Baukunst. Ein großer Teil der mittelalterlichen Stadtmauer ist erhalten geblieben, das wundervolle Renaissance-Rathaus an einem der größten deutschen Marktplätze, nicht zuletzt die herrliche Marienkirche, die jüngste unter den erzgebirgischen großen Hallenkirchen. Die symmetrische Stadtanlage mit einem rechtwinkligen Straßennetz ist die früheste derartige Grundrißlösung nördlich der Alpen und wurde von dem Freiberger Mathematikprofessor Ulrich Rülein von Calw erdacht. Eine Gedenktafel verkündet: »Hernach um das Jahr 1521 haben sich in dem Gebürge mehrere Berg-Werke ereignet. Unter denen aber ist sonderlich der Marienberg vortrefflich geworden und ist sehr reichlich geschüttet. Derhalben auch eine zierliche Stadt mit ordentlichen Gebäuten von dem durchlauchtigsten und hochgebohrenen Fürsten Heinrich in Kürze ist aufgerichtet worden.« Eben dieser steht, in Bronze gegossen, auf dem Markt.

Venezianische Brüder in Marienberg

Einst suchten in der Gegend um Marienberg drei Brüder, die aus Venedig gekommen waren, nach Edelstein und Erz. Sie fanden, was sie gesucht hatten, und je mehr wertvolles Gestein ihre Kästen füllte, desto ärgerlicher wurde der Älteste,

MARIENBERG.

denn er war von Neid zerfressen, wenn er sich vorstellte, all die Kostbarkeiten mit seinen zwei Brüdern teilen zu müssen. Ein böser Berggeist flüsterte ihm in einer schlaflosen Nacht ein, die Brüder zu erschlagen, um in den alleinigen Besitz der Fundstücke zu gelangen. Bei Nacht und Nebel, an einer Stelle, wo sie wiederum gruben, ließ er sich zu der arglistigen Tat hinreißen. – Als er nun die zwei in ihrem Blute liegen sah, wurde ihm erst mit Schrecken klar, welches Verbrechen er begangen hatte. Voller Grauen und Entsetzen, erfüllt von Haß gegen sich selbst, verließ er fluchtartig den Ort des Unheils, alle seine Habe zurücklassend. Kein Mensch hat ihn jemals wieder zu Gesicht bekommen. Die Stelle, an welcher der gräßliche Brudermord damals geschah, wurde von der Bevölkerung seither die »Dreibrüder-Höhe« genannt.

Die ersten Bewohner der Stadt Marienberg waren Zuzügler aus den älteren Bergstädten des sächsisch-böhmischen Erzgebirges, aber auch aus dem Harz und aus Ungarn, allesamt Menschen, die mit dem Bergbau vertraut waren. Ihnen sprechen manche Historiker die Namensgebung zu: Sie hätten ihre Stadt unter den Schutz der Maria gestellt. Doch die Sage weiß etwas noch Spitzfindigeres zu berichten.

Marienbergs sagenhafter Ursprung

Herzog Heinrich wurde gefragt, wie die neue Bergstadt heißen solle, und ohne zu überlegen antwortete er, ihr Name könne nur Marienberg sein, denn die Eltern der Gottesmutter Maria hätten Anna und Joachim geheißen, und die nach ihnen genannten Bergstädte Annaberg und Joachimsthal hätten sich als sehr reich und blühend erwiesen, das sächsische Annaberg als zweitgrößte Stadt des meißnischen Landes, das böhmische Joachimsthal als die Geburtsstätte des stabilen und kaufkräftigen Talers (eigentlich Joachimsthalers), und so sei der Herzog überzeugt, daß sich die Tochter, nach Maria genannt, wohl nicht schlechter als ihre Eltern entwickeln werde.

BERGGEISTER, GESPENSTER, ZAUBERER

CRANZAHL

Die Waldhufensiedlung Cranzahl ist an der Salzstraße von Halle nach Prag gegründet worden und wurde erstmalig in einer Urkunde Kaiser Karls IV. von 1367 erwähnt. Die Himmelfahrtskirche von 1556 beherbergt eine besondere Kostbarkeit: den Schnitzaltar vom spätgotischen Bildschnitzer Peter Breuer.

Wie der Berggeist einen Fluchenden straft

Ein Schlepper zu Cranzahl, welcher das Erz vom Ort zur Hütte zu karren hatte, konnte es nicht lassen, fortwährend über seine schwere Arbeit zu fluchen. Obwohl seine Kameraden ihn ermahnten, wetterte und lästerte er nur umso heftiger. Als sein Hunt (so nannte man die Förderwagen) mit dem gewichtigen Gestein wieder einmal stecken blieb und kaum vorwärts zu bewegen war, erging er sich in den wüstesten Verwünschungen seiner Arbeit. Plötzlich fühlte er fürchterliche Stockschläge auf seinem Rücken, obwohl in seiner Nähe niemand zu gewahren war, denn er war auf der Strecke ganz allein. Er schrie vor Schmerz, und durch sein Gebrüll angelockt, kamen einige Häuer herbeigerannt. Der Mann schimpfte nun auch über die Prügel, doch diese hörten überhaupt nicht auf, bis er vor lauter Schmerz in die Knie ging. Die Kameraden hoben ihn in seinen Wagen, und unverzüglich setzten die Hiebe aus. Als man den Schlepper indessen später wieder heraushob, begannen die schmerzhaften Züchtigungen von neuem. Und sie hörten nicht wieder auf, bis er ans Tageslicht kam. Man wußte, daß einer, wenn er das Mundloch eines Schachtes erreicht, dem Zugriff des Berggeistes endlich entzogen ist.

BUCHHOLZ

Die Bergstadt, heute mit Annaberg vereinigt, war in alten Zeiten ebenfalls eine aufstrebende Ortschaft, allerdings erreichte sie nie die Größe und Bedeutung ihrer Schwesterstadt, die durch berühmte Männer und großartige Bauwerke zu einem kulturellen Mittelpunkt Sachsens geworden war. Buchholz erlangte eine religionsgeschichtliche Bedeutung, weil Luther 1524 den Prediger Hartmann Ibach hierher entsandte, der eine protestantische Gemeinde um sich scharte, während Annaberg katholisch blieb.

Als man dem Geist die Opfergabe versagte

Bei Buchholz fand sich im Gestein eine Höhle, wo immerdar ein Lämpchen brannte: Zu Ehren einiger Heiliger, vor allem des heiligen Antonius von Padua, Schutzpatron der Bergleute. Die Ein- und Ausfahrenden opferten ganz selbstverständlich das Öl für diese Lampe. Da kam nun ein junger Bergknappe hinzu, der fügte sich nicht dem Brauche, sondern weigerte sich, Öl zu spenden. Er könne das Geld dringend für andere Dinge gebrauchen. Noch am selben Tag hat ihn der Berggeist in Gestalt eines schrecklichen Ungeheuers gepackt und in den Förderwagen dreimal hinein geknetet, daß ihm alle Sinne vergingen.

SCHWARZWASSERTAL

Es ist eines der romantischsten Erzgebirgstäler, mit bewaldeten Hängen und steilen Felswänden. Die Quelle des Schwarzwassers findet man am Westhang des Keilberg-Fichtelberg-Massivs, im Böhmischen, aber die schönsten Stellen hat das Tal südlich von Schwarzenberg aufzuweisen.

Das steinerne Herz im Schwarzwasser

Im Schwarzwassertal gab es einst eine ergiebige Zeche, genannt »Trau auf Gott«. Doch ihre Erträge ließen rapide nach, und schließlich fand sich lange Zeit überhaupt kein Erz mehr im Berg. Der Bergherr versprach seinen Knappen, daß er demjenigen, der eine Silberader entdecken würde, die Hälfte des Gewinns abtreten wolle. Das regte die Häuer natürlich zu höheren Leistungen an, und sie arbeiteten, daß die Fetzen flogen. Doch Schicht für Schicht gab es nur immer taubes Gestein.

Viele gaben die Hoffnung auf, an dieser Stelle jemals wieder Erz zu finden. So war es am Ende nur noch ein einziger Bergknappe, der treu aushielt und sich keine Ruhe gönnte. Sogar nachts hörte man ihn scharren und hacken. Da erschien ihm einmal um Mitternacht in strahlendem Licht der Berggeist. Der nahm ihn an der Hand und zeigte ihm, wo er einen Gang zu treiben habe, um fündig zu werden. Dort fand der Mann alsbald eine prachtvolle Erzader.

Gleich im Morgengrauen des nächsten Tages eilte der Knappe zu seinem Herrn und fuhr mit ihm zusammen in den Schacht, um das ungewöhnliche Bild zu genießen: Silbererz.

Der Knappe erinnerte den Bergherrn an sein Versprechen und schilderte ihm noch einmal den Mangel, der in seiner Familie seit langem an der Tagesordnung war. Doch dieser schwieg zunächst und überdachte bei sich, wie viel es wäre, was er wegschenken müsse, wenn er seine Zusage einhalten würde – und es schien ihm unzumutbar. Stattdessen machte die Geldgier sein Herz kalt und hart, und er beschloß, den unbequemen Mahner mundtot zu machen. Ein schrecklicher Schrei hallte durch den Schacht …

Der Bergknappe kam niemals wieder zurück zu den Seinen. Die Frau und die Kinder, deren Ernährer unter Tage geblieben war, mußten, um nicht zu verhungern, betteln gehen. Die Zeche »Trau auf Gott« aber blieb verlassen. Der Berggeist nahm zurück, was er so freigebig angeboten hatte. Der Bergherr erhielt seine gerechte Strafe – er wurde vom Teufel geholt. Sein verhärtetes Herz aber blieb als riesengroßer Stein im Schwarzwasser liegen, als Mahnung für alle, die Habsucht über Treue setzen.

MORGENRÖTHE

Der Ort mit dem bezaubernden Namen wurde 1852 mit Rautenkranz zu einer Einheit zusammengeschmolzen. Ehedem war er ein ziemlich bedeutender Standort von mehreren Zinnschmelzen und vor allem bekannt durch seine Eisenindustrie, durch die schönen gußeisernen Öfen und Ofenplatten, die von hier aus überallhin geliefert wurden. Heute ist ein Anziehungspunkt für Jung und Alt die »Deutsche Raumfahrtausstellung«, die im Geburtsort des ersten deutschen Kosmonauten, Sigmund Jähn, eingerichtet wurde.

Der falsche Berggeist

Vor etwa hundert Jahren ist einem Bergmann unter Tage der Berggeist erschienen. Der Knappe arbeitete vor Ort und hatte schon eine Menge gutes Zinnerz aufgehäuft, da hörte er lautes Kettengerassel und sah den Berggeist vor sich auftauchen. Der schwang einen großen Hammer, schlug den Bergmann nieder und bemächtigte sich seines Erzes. Nachdem sich dasselbe ein zweites Mal ereignet hatte, waren alle sehr furchtsam und trauten sich kaum noch, an diesem schrecklichen Ort zu schürfen. Schließlich fand sich ein mutiger, kräftiger junger Bergknappe, der von sich sagte, er wolle es mit diesem gewalttätigen, grausamen Geist aufnehmen. Es gab nun in dem Schacht eine Stelle, die besonders viel Ausbeute versprach – dort begann der kühne Jüngling mit seiner Arbeit. Und wirklich, nach einiger Zeit tauchte der Berggeist wieder auf. Der zu allem Entschlossene hob seinen Schlägel und schlug ihn dem Berggeist vor die Stirn, noch bevor dieser seinen schweren Hammer bewegen konnte. Tot fiel der Berggeist zu Boden. Als man ihn untersuchte, stellte man fest, daß dies gar kein Berggeist gewesen war, sondern ein Steiger, der sich verkleidet hatte, um sich auf diese unlautere Art seinen Vorteil zu verschaffen.

SCHWARZENBERG

In einem Talkessel, der durch Schwarzwasser, Pöhlwasser, Schwarzbach und Oswaldbach gebildet wird, liegt die Stadt Schwarzenberg mit ihrer imposanten malerischen Burg, die eine botanische Besonderheit zu bieten hat: Hier wächst die Spanische Wucherblume, die sonst nur in Spanien vorkommt und durch die Einfuhr von Kork nach Schwarzenberg eingeschleppt worden ist. Sie wird auch »Schwarzenberger Edelweiß« genannt. In der Burg befindet sich das Museum »Erzgebirgisches Eisen und Zinn« mit zahlreichen sehenswerten Exponaten. Und wer der St. Georgs-Kirche einen Besuch abstattet, wird sich nicht nur an der schönen barocken Holzdecke mit den Engelsfiguren erfreuen, sondern auch an St. Georg, den Drachenbezwinger, erinnert werden.

Der Lindwurm auf dem Totenstein

Am Steinweg, der von Schwarzenberg über den Totenstein führt, ist das Mundloch eines Stollens zu sehen, das man auch »Lindwurmhöhle« nennt und mit dem es folgende Bewandnis hat:

Am Totenstein hauste in verflossenen Tagen ein Lindwurm, der sich in der Stadt Schwarzenberg seine Opfer holte. Vor

SCHWARZENBERG.

allem waren die Kinder gefährdet, und mancher traute sich nicht mehr auf die Straße aus Angst vor dem schrecklichen Ungeheuer. Da kam ein Ritter namens Georg in die Gegend, dem man von den Bedrängnissen und den Ängsten der Bürger erzählte. Er erbot sich, gegen das gefährliche Untier zu kämpfen und die Stadt von diesem Spuk zu befreien. Im Tau des Morgens machte er sich mit seinem Roß auf den Weg und lauerte dem Drachen vor dessen Höhle auf. Er mußte nicht lange warten, da kam der Lindwurm schon aus seinem Versteck. Er riß weit seinen Rachen auf und spie glühend heißen Atem, als er den Ritter erblickte, doch dieser war geistesgegenwärtig genug, pfeilgeschwind sein Schwert zu ziehen und es zielgenau dem Ungeheuer in den Hals zu rammen, so

ST. GEORGS KAMPF MIT DEM LINDWURM.

daß in breitem Strom das Blut heraustrat und Felswände wie Erdboden dunkelrot färbte. In seinem Todeskampf warf sich das Wesen auf Georg, den Ritter, und drängte ihn zum Rande des Abgrunds. Das wütende Untier in seinem letzten Zucken erhob die Pranken, um den Reiter zu zerschmettern, da gab der seinem Roß die Sporen und sie flogen beide im mächtigen Sprung hinunter ins Schwarzwasser, wo sie leblos liegen blieben.

Die Schwarzenberger haben den Leichnam unter dem Felsen bestattet und ihm zu Ehren den Sieg über den Lindwurm in ihr Stadtwappen aufgenommen.

THUM

Einer der Greifensteinorte, die schon früh Bergwerke betrieben haben, heißt Thum. Hier ist im Mittelalter ein seltener Halbedelstein gefunden worden, der Axinit, violett und durchscheinend. Nach dem ersten Fundort wurde er von Kennern auch Thumit genannt. Der Ort, im 15. Jahrhundert zur freien Bergstadt gemacht, betrieb um das Jahr 1700 noch immer neun Gruben und ein Pochwerk.

Das Burgfräulein vom Greifenstein

Man kann mit gutem Recht vermuten, daß früher auf den Greifensteinen bei Thum eine Raubritterburg existiert hat. Der Ritter Otto von Greifen lebte um 1100 am Hofe des Herzogs Wratislaw von Böhmen. Dort hatte es ihm ein schönes Hoffräulein angetan. Kurzerhand entführte er die Maid und floh mit ihr in den tiefen Wald, von dem damals die Greifensteine umwuchert waren. Dort begann er mit dem Bau einer Burg.

Bald wurde den beiden ein Sohn geboren. Sie liebten ihn und widmeten seiner Erziehung große Sorgfalt. Eines Tages nun kam der Ritter von der Jagd zurück und brachte ein hübsches kleines Mädchen mit, das er schlafend im Unterholz gefunden hatte. Dieses Kind wurde zusammen mit dem leiblichen Sohn aufgezogen, und bald liebten sich die Kinder wie Bruder und Schwester. Sie wurden erwachsen, tollten oft in den umliegenden Wäldern umher, spielten miteinander, und ganz allmählich ergab es sich, daß aus der Geschwisterliebe eine richtige, echte Liebe entstand. Bald fühlte das Mädchen, daß es schwanger war. Es hoffte sehr, ihr Halbbruder werde seine Eltern überzeugen können, daß beide heirateten. Der aber konnte sich nicht für diese Heirat verwenden, denn man rief ihn zu einem Waffengang, um einem belagerten und bedrängten Freund des Vaters zu Hilfe zu kommen. Natürlich bemerkten die Eltern schon bald, daß das Mädchen in gesegneten Umständen war. Und weit gefehlt – die stolze Hofdame und der Ritter wehrten sich energisch gegen den Gedanken, daß ihr Sohn ein Findelkind zur Frau nehmen sollte. Sie behandelten das Mädchen wie eine hergelaufene Herumtreiberin, die ihren edlen Sohn verführte hätte und warfen das schöne Kind ins Burgverließ, wo sie, allein mit Ratten und Würmern, auf feuchtkaltem Gestein einen Knaben zur Welt brachte. Sie war trostlos, Hunger und Entbehrung hatten sie geschwächt, sie wußte, daß sie ihr Kind nicht werde ernähren können. So schlug sie das Neugeborene verzweifelt so lange gegen die Kerkermauer, bis es leblos war. Da erschien ihr eine weiße Gestalt, die ihr mitteilte, sie habe durch diese Untat ihr Seelenheil verspielt und müsse nun ruhelos in der Welt umhergeistern, bis eine keusche Frau sie eines Tages um Mitternacht dreimal bei ihrem Namen nennen werde. Zu Tode erschrokken fiel das Mädchen zu Boden und erwachte nicht wieder zum Leben. Der Ritter fand um einige Zeit später die beiden Leichname. Entsetzt über die Folgen seiner fanatischen Engstirnigkeit, ordnete er einen prunkvollen Leichenzug an. Doch noch ehe die Särge die Burg verlassen konnten, kam ein Reiter herbeigesprengt, gefolgt von seinen Knappen. Es war der junge Sohn, der siegreich sein erstes Gefecht bestanden hatte. Er brachte aber noch eine zweite, viel bessere Nachricht: Seine Geliebte war das im Walde ausgesetzte Töchterlein des edlen Scharfensteiners, dem er gerade zu Hilfe geeilt war. Als er die schwarze Trauerfahne vom Bergfrit wehen sah, ahnte er nichts Gutes. Und dann erfuhr er von dem Entsetzlichen, das sich in seiner Abwesenheit ereignet hatte. Er verfluchte seine Eltern und verfiel in geistige Umnachtung. In einem Kloster verbrachte er den Rest seines Lebens. Die Eltern starben bereits kurz nach diesen schlimmen Unglückstagen, und die Burg wurde erobert und bis auf die Grundmauern zerstört. Noch heute soll man in stürmischen mondlosen Nächten den Geist jenes verstörten Mädchens durch die Felsen irren sehen, mit dem getöteten Kind im Arm.

SCHNEEBERG

Wer kennt sie nicht, die farbenprächtigen Schneeberger Bergparaden, zu denen Besucher aus allen Himmelsrichtungen herbeiströmen. Im 15. Jahrhundert gab es hier innerhalb des Palisadenzaunes 56 Zechen und außerhalb gar dreimal so viele. In dieser Zeit erhielt die Stadt sogar eine eigene Münzstätte, und die hier geprägten Silbergroschen hießen »Schnieber«.

Vom blauen Wunder zu Schneeberg

Die Zeit der größten Ausbeute war vorüber, nur sehr sparsam floß noch der Bergsegen in die Stadt. Man gab die Schuld dafür den bösen Kobolden, die das taube Erz in die Gruben gebracht haben sollten. Da kam aus Platten (heute Horny Blatna in Tschechien) ein Mann namens Christoph Schürer, der in Dingen der Chemie und des Hüttenwesens sehr bewandert war, aber seines Glaubens wegen auswandern mußte. Er gewann schon bald bei den Mitbewohnern hohes Ansehen, und als er sich in Anna, die Tochter des Hüttenmeisters, verliebte,

DIE ENTDECKUNG DER »SCHMALTE«.

bekam er prompt das Jawort des Vaters. In den Tagen aber, da die Hochzeit stattfinden sollte, traf aus seiner ehemaligen Heimat die Klage ein, Schürer sei ein Zauberer und Betrüger – und man solle ihn nach Böhmen ausliefern. Da nun viele Mitbürger inzwischen mit Neid und Mißgunst auf die Kenntnisse und Fähigkeiten des tüchtigen Mannes sahen und seine Arbeiten in der Schmelzhütte, wo er auch nachts seine Versuche fortsetzte, ihn in den Verdacht brachten, ein Alchymist zu sein, sah sich der Bergmeister gezwungen, ihn festnehmen zu lassen. Das veranlaßte die bösen Zungen nun vollends, ihn zu verdächtigen, daß er mit dem bösen Kobold gemeinsame Sache mache und eine Mitschuld am wirtschaftlichen Rückgang in den Gruben habe. Es kamen also der Meister, einige seiner Gehilfen und der Nachtwächter zu ihm in die Hütte, um

DER MARKTPLATZ VON SCHNEEBERG.

ihn zu fesseln. Schürer war eifrig damit beschäftigt, mit Tiegeln und Retorten zu hantieren. Natürlich erschrak er schrecklich, als er die finsteren, mit Fackeln ausgerüsteten Männer vor sich stehen sah und ihre Vorwürfe anhören mußte, denn er war sich keiner Schuld bewußt. Doch faßte er sich schnell, und plötzlich rief er laut: »Falls ihr glaubt, daß ich Mißbrauch mit der schwarzen Kunst treibe, so irrt ihr euch. Kommt her und seht euch an, was mir gelungen ist!« Und er wies auf einen Bottich, der angefüllt war mit leuchtend blauem Staub. Er setzte hinzu: »Ich glaube, dieses wird der Stadt und dem Lande von großem Nutzen sein …« Und auf Befragen zeigte er den Umstehenden, auf welche Weise ihm die Herstellung des Pulvers gelungen war. Der Hüttenmeister war hocherfreut, daß aller Verdacht gegen den fähigen Mann zerstreut schien, und beraumte sogleich die Hochzeit mit Anna an. Die blaue Farbe nannte man viele Jahre das »Blaue Wunder von Schneeberg«, später bekam es in Bergmannskreisen den Namen Schmalte (was Kobalt-Arsenid bezeichnet, die Farbe des Blauen Glases). Durch Schürers Leistung wurde dem Erzgebirge ein ganz neuer Industriezweig erschlossen. Als die Schneeberger mit Umzügen und Blasmusik ihr Bergfest feierten, wurde der nunmehr hochgeehrte Erfinder zum glücklichen Schwiegersohn des Hüttenmeisters. An der Seite seiner anmutigen jungen Frau verbrachte er noch viele glückliche Jahre in der Bergstadt.

Wer von Schneeberg spricht, denkt unwillkürlich an die spätgotische Hallenkirche St. Wolfgang, dieses architektonische Wunderwerk, das im Zweiten Weltkrieg total zerstört wurde und nun in alter Schönheit wieder auferstanden ist. Im Museum der Stadt sind auserlesene Stücke erzgebirgischer Volkskunst zu bewundern, alte Nußknacker und geschnitzte Bergleute zum Beispiel, die legendären Buckelbergwerke oder schöne Weihnachtsberge mit ihren mechanisch kunstvoll bewegten Figuren. Neben dem Museum sind auch mehrere andere Gebäude in edlem Barockstil erbaut, so daß Kenner von Schneeberg als der »Barockstadt des Erzgebirges« sprechen.

Die Berggeister in den Gruben zu Schneeberg

Wo Not und Gefahr zum täglichen Brot gehören, ist oftmals der Aberglaube nicht weit. So erzählten sich die Leute von den bösen Geistern, die für die aufsteigenden Wetter und die giftigen Schwaden verantwortlich seien, welche die Bergleute bedrohen. Aber noch gefährlicher seien die Bergteufel mit ihrem oftmals lebensgefährlichen Schabernack. Sie fahren wie brüllende Löwen in den Schächten herum, einer hat in der Gestalt eines Mönches den Steiger ergriffen und in die Höhe geworfen – und im Jahr 1538 ist in der »Höflichen-Besserung-Grube« sogar ein Bergknappe von einem solchen Ungeheuer erwürgt worden, so daß der Kurfürst Johann Friedrich einen ausführlichen Bericht über dieses Unheil befohlen hat. Im Mai des Jahres 1683 ist die ganze »Levitenzeche« mit drei Schächten von einem Bergteufel zerschmettert worden. Kurz vor diesem Verhängnis hat sich ein dicker Mann in der Kaue sehen lassen, der mit Gold und Silber behängt war, und der fragte einen Arbeiter: »Kennst du mich?« Der antwortete: »Ich kann euch nicht kennen, aber ihr werdet wohl ein Herr aus Holstein sein« (die diese Zeche gebaut hatten). Da hat der Bergteufel so gebrüllt, daß der arme Bergmann davon starb und noch in derselben Woche begraben werden mußte. In der »Sankt-Georgs-Zeche« schließlich erschien der böse Geist in einer schwarzen Kutte. Er packte einen Knappen und schmiß ihn so zornig auf den Boden, daß ihm das Arschleder zerplatzte und ihm die Rippen barsten. Und der Mann blieb sitzen wie festgemauert.

STOLLBERG

Die Stadt liegt im Tal des Gablenzbaches, am Nordrand des Erzgebirges und am Fuße der alten »Stalburg«, dem späteren Schloß Hoheneck. Eine Kahnpartie auf dem Walkteich gehört zu den Annehmlichkeiten, die den Sommergästen geboten werden. Um die Weihnachtszeit locken bunte Bergparaden die Besucher in Scharen an.

DIE HAUPTKIRCHE IN STOLLBERG.

Die Totenmette zu Stollberg

Im Winter des Jahres 1591 kam ein Kärrner jämmerlich ums Leben, als ihn der Sumpf des Walkteichs nicht mehr losließ. Er streift des Nachts ruhelos umher, weil er keine Ruhe finden kann. Anders tun es die auf natürliche Art Gestorbenen, denn sie feiern jedes Jahr in der Heiligen Nacht ihre Christmetten in der Marienkirche, die deshalb bei den Einheimischen auch Totenkirche genannt wird. Eine Frau wollte zur Christmette gehen. In der Nacht wachte sie von einem Alptraum auf und war davon so verwirrt, daß sie meinte, es sei schon Zeit aufzubrechen. Sie zog sich also an und ging hinaus. Obwohl tiefe Nacht war, fand sie das Kirchentor offen. Einige Gestalten gingen hinein, und unsere Frau schloß sich ihnen an. Im Kirchenschiff waren schon so viele versammelt, daß die Frau kaum einen Sitzplatz fand. Sie sah am Altar einen ungewöhnlich gekleideten Mann, der aus einem dicken Buch vorlas, ohne daß man ein Wort hören konnte. Überhaupt war es totenstill in dem großen Raum. Um sie herum saßen bleiche, fremde Personen mit traurigen Gesichtern. Einige Reihen vor ihr erkannte die Frau nun eine Nachbarin, die vor einigen Wochen verstorben und begraben worden war. Diese winkte ihr mit einer Knochenhand zu, aber als sie die Frau fragen wollte, was das alles zu bedeuten habe, da verschwand alles wie ein Spuk, und sie fand sich auf der leeren Straße wieder. Sie schleppte sich zu ihrem Haus und brach vor der Haustür zusammen. Am Morgen fanden sie ihre Nachbarn – sie war erfroren.

ZWICKAU

Das frühere Zentrum des Steinkohlebergbaus ist ein Ort mit slawischer Vergangenheit (der Name kommt vom wendischen Zwiccowe) und wurde an der Kreuzung zweier wichtiger Handelsstraßen gegründet, der Salzstraße von Halle nach Böhmen und der »Polnischen Schiene« von Bayern nach Krakau. Melanchthon schrieb 1548: »In Kunst und Technik übertrifft Zwickau alle Städte unserer Lande.« Die Stadt ist der Geburtsort zweier berühmter Männer, des Malers Max Pechstein (1881-1955) und des Komponisten Robert Schumann (1810-1856). Der Dom St. Marien gehört zu den üppigst ausgestatteten Kirchen des Erzgebirges. Der Stolz der Gemeinde sind ein Vesperbild von Peter Breuer (1502) sowie ein spätgotisches Altarkreuz aus Bergkristall.

Der geraubte Schleier

Nahe der Stadt Zwickau liegt das Schwanenfeld, das seinen Namen vom Schwanenteich hat, der heute fast ausgetrocknet ist, früher aber den Ruf eines Schönheitswassers genoß, das auserwählten Frauen dauerhafte Reize und Verjüngung bringt. In der Nähe dieses Gewässers hatte sich vor Zeiten ein frommer Mann niedergelassen, der sich Benno der Einsiedler nannte. Er rodete ein Stück Wald und legte einen Garten an, in dem er Feldfrüchte zog und Weinreben ansiedelte. Als dieser Mann schon weißhaarig geworden war, begab es sich, daß ein Soldat aus Schwaben, Friedbert, der sich auf der Flucht befand, bei ihm Unterschlupf suchte. Benno mochte den jungen Burschen schon beim ersten Zusammentreffen, und schon nach kurzer Zeit fragte er ihn, ob er nicht sein Helfer und Genosse werden wolle, die Arbeit werde ihm in seinem Alter oft schon recht sauer, und ein wenig Geselligkeit könne er auch brauchen. So blieb Friedbert, ließ sich eine Tonsur schneiden und eine Kutte anpassen.

Um die Zeit der Sommersonnenwende schickte Benno seinen Gefährten zum Schwanenteich, um nachzusehen, ob sich dort Schwäne zeigten, und als Friedbert berichtete, kein Schwan sei da, wurde der Einsiedler traurig und mißmutig. Nach einigen Tagen kam abends der Jüngere vom Teich zurück und sagte: »Schwäne sind heute über den Teich geflogen!« Da hellte sich die Miene des Greises auf, und er zeigte alle Zeichen hoher Freude.

Natürlich war Friedbert neugierig, was es mit den Schwänen auf sich habe, und eines Abends, bei einem Krug Wein, erfuhr er es: Benno hatte in seiner Jugendzeit an einem Kreuzzug teilgenommen und wußte, daß einige schöne junge Frauen

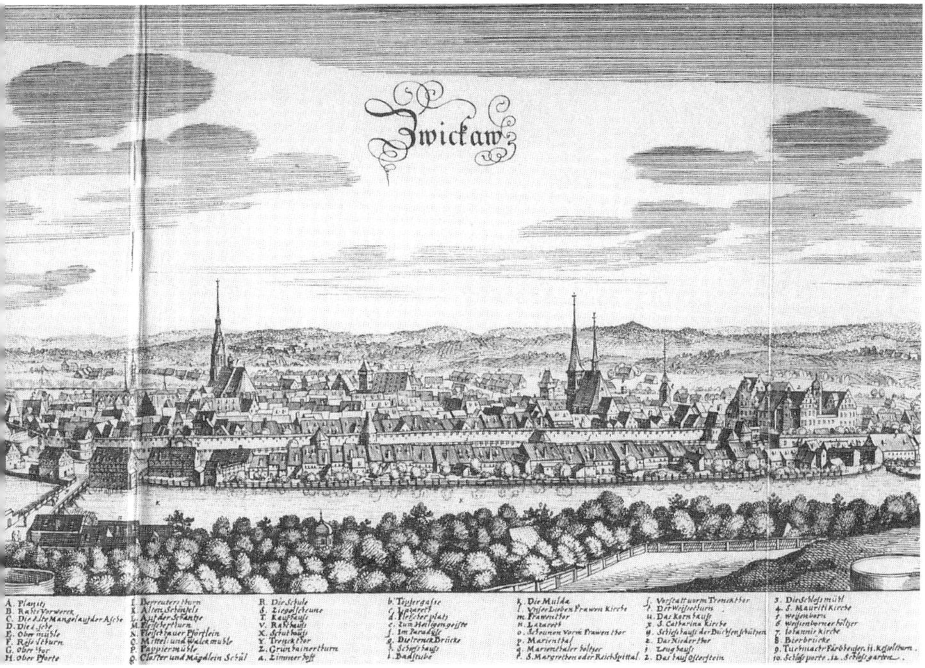

ZWICKAU.

in Griechenland, die von den Eiern der Leda abstammten, sich alljährlich in Schwäne verwandelten und nach Germanien flogen, wo ein Wunderwasser sie immer von neuem verjüngte. Dankbar für dieses offenbarte Geheimnis bekannte Friedbert, daß er noch niemals in seinem jungen Leben die Liebe zu einem Mädchen genossen habe, worauf ihn der Alte ermutigte, sich mit aller Aufmerksamkeit den Schwänen zu widmen. Also ging Friedbert zum Weiher, verbarg sich im Schilf und beobachtete, was da geschehen sollte.

Von Süden her kamen schon bald drei weiße Schwäne, die

dreimal über dem Teich kreisten und dann herabschwebten. Sobald sie das Wasser berührten, verwandelten sie sich in junge Frauen, so wunderschön, wie sie noch kein Sterblicher erblickt hatte. Sie scherzten miteinander, tauchten in das klare Wasser, sangen auch ein melodisches, mehrstimmiges Lied in einer fremden Sprache. Der junge Mann riß sich aus der Ekstase los, in die ihn die hübschen Wesen versetzt hatten, und schlich zu der Stelle, wo die Schönen ihre Kleider abgelegt hatten, feine durchsichtige weiße Schleier, wie Spinnweben so zart, alle drei mit einem Zipfel durch eine goldene Krone gezogen. Einen dieser Schleier entwendete Friedbert, schnell in die Klause zurückeilend, wo er seinen Schatz einer Truhe anvertraute.

Als schon der Abend dämmerte, sah er, daß zwei Schwäne sich in den Himmel erhoben. Er hatte sich vor der Eremitengrotte auf einen Stamm gesetzt, und es dauerte nicht lange, da hörte er schüchterne Fußtritte im Sand. Vor ihm stand eine der wundervollen jungen Frauen mit verschämter stiller Trauer. Sie war seine Gefangene! Als sie den Mund öffnete und ihn in ihrer Sprache etwas fragte, war er bezaubert von ihrer Stimme, von ihrer Art, zu reden und sich zu geben, ohne daß er wußte, was ihre Worte bedeuteten. Er konnte sich denken, daß sie nach dem Schleier fragte, stellte sich aber unverständig. Er zeigte ihr ein Nachtlager auf dürrem Laub und brachte ihr Wein und süße Gartenfrüchte. Doch die Schöne rührte nichts an, sondern setzte sich in einen Winkel und weinte bitterlich. Als sie dann doch eingeschlafen war, legte sich auch der junge Eremit zur Ruhe.

Der kommende Morgen ließ alles viel freundlicher aussehen. Das Mädchen verzehrte sogar mit Friedbert ein kräftiges Frühstück, bevor sie abermals an den Weiher lief, ihren

Schleier zu suchen. Tag für Tag verging, die zwei jungen Menschen lernten es, sich miteinander zu verständigen, bald begriff der Jüngling, was griechische Worte bedeuteten, aber auch die Frau begann zu verstehen, was Friedbert meinte, wenn er von Sehnsucht sprach, von Liebe und von Glück.

Es kam der Tag, an dem Benno die Zeit für gekommen erachtete, das junge Paar zu trauen. Sie lebten viele Jahre in vollkommener Zärtlichkeit und Fröhlichkeit zusammen, bestellten den Garten, lebten zufrieden und glücklich. Der Tod des alten Eremiten warf zwar einen Schatten auf ihr Glück, doch sie waren sich beide bewußt, daß ohne Schmerz jedes Glück nur unvollkommen ist. Friedbert hatte schon graues Haar, sein Weib aber war noch immer jung, denn sie badete täglich in dem wundersamen Wasser des Schwanenteichs. Eines Tages öffnete Friedbert seine Truhe und gestand seiner Frau, daß er damals den Schleier entwendet hatte. Aber sie wollte ihn nicht zurück, sondern verschloß ihn wieder in der Truhe...

NOSSEN - ALTZELLA

Das ehemalige Zisterzienserkloster Altzella gilt als das älteste und baugeschichtlich bedeutendste Kloster der ehemaligen Markgrafschaft Meißen und bietet noch heute, obwohl manches zur Ruine verfallen ist, ein anschauliches Bild alter Sakralarchitektur in romantischer Landschaft. Das Kloster erhielt reiche Zuwendungen vom Siebenlehner Bergbau, der früher eine sehr enge Beziehung zur Bergstadt Freiberg unterhielt.

Die Legende vom Romanusmännlein

Als in dem Städtchen Siebenlehn noch rege Erzgewinnung das Leben bestimmte, erzählte man sich von einem Berggeist namens Romanusmännlein, der zwar kein böser Geist war, aber die Menschen mit Schabernack erschreckte und ihnen manchen Streich spielte. So berichtete ein Fuhrmann, er habe auf einer Fahrt nach Dresden eine Zigarre geraucht, da sei ihm ein Mann entgegengekommen, der um Feuer bat. Beim Zusammenhalten der beiden Zigarren gab es einen schrecklichen Knall, und die Zigarren waren mit einem hellen Blitz explodiert. Danach war der Fremde verschwunden.

Ein Handwerksbursche schildert, wie er mit seinem Meister durch einen Wald ging, wo Holz geschlagen wurde. Der Meister sagte: »Sieh da, dort liegt eine Geldbörse, grün und mit weißen Perlen besetzt. Heb sie auf!« Der Geselle sah keine Börse. Also ging der Meister selbst hin und griff danach. Aber er hatte einen großen grünen Frosch in der Hand. Zugleich erklang aus den Baumwipfeln ein schadenfrohes Lachen.

Ein dritter Bericht spricht von einem Gehilfen, der spät abends in seine Herberge wollte, aber es war alles zugesperrt und keiner hörte sein Rufen. So setzte er über den hohen Zaun, der unter ihm krachend zusammenbrach. Als er durch den Vorgarten gehen wollte, versperrte ihm ein riesengroßer schwarzer Hund mit glühenden Augen den Weg und ließ ihn nicht zum Tor kommen. Der Gehilfe erwachte morgens schweißgebadet in seinem Bett, und der Zaun war unversehrt. Es hatte ihn das Romanusmännlein genarrt.

SAGENHAFTE FIGUREN

SCHARFENSTEIN

Bekannt ist Scharfenstein, das im Tal der Zschopau liegt, nicht nur durch seine romantische mittelalterliche Burg auf dem 34 Meter hohen Felssporn, sondern vor allem durch den erzgebirgischen Volkshelden, von dem unsere nächste Geschichte handelt und dessen Leben auf der Naturbühne Greifenstein in einem Stück widergespiegelt wird, das den Untertitel trägt: »... ein Spectacel frei nach seinen Abenteuern aus jungen Jahren mit Marschgesang und Jägerchor«.

Stülpner Karl – der sächsische Robin Hood

Geboren wurde er in Scharfenstein, gestorben ist er in Scharfenstein, wenngleich man sein Grab in Großolbersdorf auf dem Kirchhof findet (1762–1841). Sein Leben ist, selbst wenn man von den nachträglichen legendären Verklärungen absieht, ein

STÜLPNER MIT SEINEN WEGGENOSSEN.

wild bewegtes gewesen. Schon als Kind haben ihn erste familiäre Erlebnisse und Erkenntnisse geprägt, die ein grelles Licht werfen auf die sozialen Ungereimtheiten dieser Region in damaliger Zeit. Sein Vater, ein Müllerbursche, mußte wegen gestohlenen Leinöls ins Gefängnis, seine Mutter wurde bestraft, weil sie in der Mühle Getreide für die eigene Familie entwendet hatte. Man wohnte im Wald, aber das Pilzesammeln, das Holzholen, das Beerenpflücken war verboten, weil der Wald dem Kurfürsten gehörte. Als Kind wurde er zu einem verwandten Förster nach Ehrenfriedersdorf gegeben, wo er vermutlich seine Liebe zu den Wäldern und seinen geschickten Umgang mit der Natur erlernt hat. Schon mit sechzehn Jahren wurde er einberufen, und zwar als Troßknecht zu den Bayerischen Erbfolgekriegen. Es verschlug ihn über Böhmen bis nach Ungarn, nach Österreich und in die Schweiz. Wegen

SCHARFENSTEIN.

Wilddieberei kam er mehrmals ins Gefängnis, unter anderem nach Spandau und Hannover. In diese Zeit (nach 1794) fallen seine Husarenstücke, bei denen er die Oberen immer wieder an der Nase herumführte. Berühmt wurde er durch seine »Belagerung der Burg Scharfenstein«. 1795 hatte sich in seiner Abwesenheit der Förster mit einigen Soldaten Zutritt zum Haus seiner Mutter verschafft und dort Stülpners Jagdzeug requiriert. Als sie auf dem Heimweg waren, stand plötzlich der Gesuchte vor ihnen, nahm ihnen die Waffen ab und sperrte sie in der Burg ein, aus der sie einen Tag lang nicht herauskamen. Danach wurde er steckbrieflich gesucht, konnte aber fliehen. Er zog später als Soldat durch ganz Deutschland, 1807 desertierte er nach Böhmen, wo er endlich die Tochter des Scharfensteiner Gerichtsdirektors heiraten konnte, die er entführt hatte. Sie gebar ihm noch vor der Hochzeit mehrere Kinder, und mit ihr bewirtschaftete er eine Schenke in den Wäldern. Doch die geliebte Frau starb ihm schon bald. Verarmt und fast blind kam er nach Scharfenstein zurück, wo er betteln gehen mußte und auf Kosten der Armenkasse seine letzten Jahre verbrachte. Um ihn ranken sich zahllose Anekdoten, die ihn immer als Beschützer der Armen und Rechtlosen ausweisen. Der Obrigkeit schlägt er so manches Schnippchen. Läßt sich vom Dorfrichter, der ihn für einen Jäger hält, in der Kutsche mitnehmen und schüttelt zu all den hanebüchenen Stülpner-Streichen, die dieser ihm erzählt, den Kopf, um dann mitten im Wald vom Kutschbock zu springen – und im Weglaufen gibt er sich zu erkennen. Er erleichtert die Besserverdienenden um ihre Gulden und teilt seine Beute mit den Bedürftigen. Ob er einen Büttel täuscht, um ihn an der Verfolgung eines Holzräubers zu hindern, ob er dem Förster die Flinte entwendet, um einen Wilddieb entkommen zu lassen, ob er flüchtige Genossen durch den Hintereingang seiner Schenke geleitet, während seine Frau dem Polizeidiener schöne Augen macht - immer wird man an die Legenden des Grünrocks und Volkshelden Robin Hood aus dem Sherwood Forest erinnert.

FROHNAU

Das alte Waldhufendorf Frohnau in unmittelbarer Nachbarschaft von Annaberg wurde weithin bekannt durch sein Hammerwerk »Frohnauer Hammer«, das seit 1621 als Kupfer- und Eisenhammer diente. Drei gewaltige Hämmer mit dem Gewicht von zweieinhalb, vier und sechs Zentnern werden durch Wasserkraft betrieben. Der letzte Hammermeister hat 1904 seine Arbeit eingestellt. Seit 1925 ist das Hammerwerk Museum.

Daniel Knappe träumt...

Vor langer Zeit lebte im Dorf Frohnau ein armer Bergmann, Daniel Knappe, der am Rande der Verzweiflung war, denn er wußte nicht, wie er seine kranke Frau und seine sieben Kinder ernähren sollte. Da erschien ihm im Traum ein Engel, der machte ihm mit folgenden Worten neue Hoffnung: »Gehe in den Wald. Am Schreckenberg wirst du eine Tanne sehen, die alle anderen weit überragt. In ihren Ästen und Zweigen trägt sie ein Nest mit goldenen Eiern – das soll dir gehören.«

Gleich am Morgen des nächsten Tages eilte Daniel hinaus in den Wald. Der beschriebene Tannenbaum war schnell gefunden. Er kletterte am Stamm empor, bis zum höchsten Wipfel, bereit, das kostbare Nest auszunehmen, aber es war nichts dergleichen zu finden. So schwang er sich wieder hinab und ruhte aus, bekümmert und bedrückt, weil der Traum wohl doch keine Bedeutung gehabt hatte.

Doch die Worte des Engels ließen ihm keine Ruhe. Wie, wenn mit den Ästen vielleicht die Wurzeln gemeint wären? Es zu versuchen, das wäre schon der Mühe wert, dachte er, und lief nach Hause, um das nötige Schürfwerkzeug zu holen. Gleich nach den ersten Spatenstichen, nachdem die obere Erdschicht am Stamm des Baumes abgetragen war, erblickte er einen mächtigen, funkelnden Silbergang! Er fiel auf die Knie und schickte ein Dankgebet zum Himmel.

Die Nachricht vom Silberfund verbreitete sich wie ein Lauffeuer, und tausende und abertausende kamen, um sich ihren Anteil an dem Reichtum der Natur zu holen. Das Dorf Frohnau konnte all die Zugereisten nicht mehr fassen. Das war für Herzog Georg den Bärtigen der Anlaß, eine neue Bergstadt an dieser Stelle zu gründen, die zuerst »Neustadt am Schrecken-

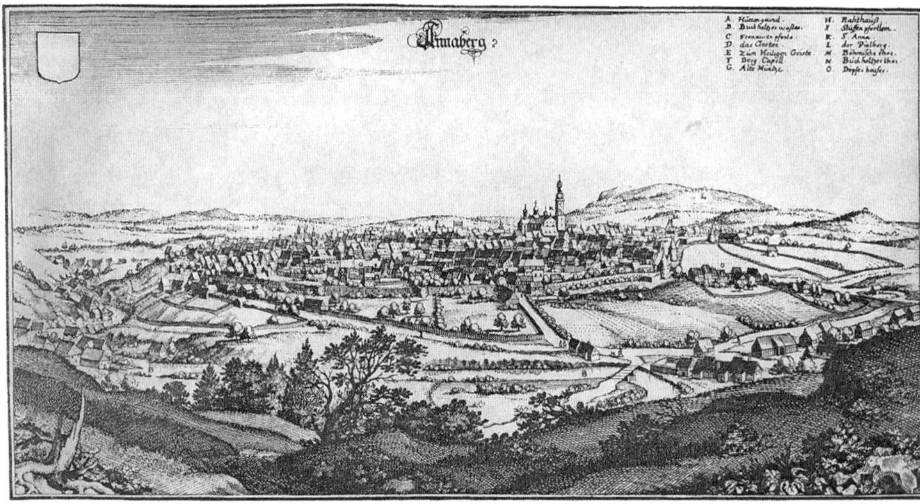

ANNABERG.

berg« genannt wurde und später den Namen Annaberg bekam. Aus Dankbarkeit gegenüber dem Entdecker des üppigen Erzsegens nannten sich fortan die Bergleute »Knappen« und ihre Zunft wurde die »Knappschaft« geheißen.

GEISING

Der Geising, der östlichste der erzgebirgischen Basaltberge, hat eine Höhe von 824 Metern. Der vom Erzgebirgsverein 1891 darauf errichtete elf Meter hohe Aussichtsturm bietet eine Fernsicht, von der Kenner sagen, sie sei der schönste Fernblick, den Sachsen zu bieten habe. Die »Geisingbergwiesen« sind wegen ihrer vielfältigen Flora berühmt. Auf dem Geisingberg beginnt unsere nächste Geschichte.

Martin Luther und der Altenberger Steiger

Im Jahre 1522 errichteten am Sonntag »Lätare«, dem vierten Fastensonntag, verschiedene Bürger aus den umliegenden Bergstädten auf dem Felsplateau des Geisingberges einen hohen Holzstapel. Er wurde in Brand gesteckt, und anschließend übergab man dem Feuer mit großem Geschrei ein hölzernes Abbild des Augustinermönchs Martin Luther und verbrannte es, nachdem ein Bergmann zuvor den Stab gebrochen und Luther zum Ketzer erklärt hatte.

Viele Jahre später kamen zwei Altenberger nach Wittenberg, um dem inzwischen hoch geehrten Reformator Luther ein Geschenk von der Bergstadt zu überbringen. Sie wurden von ihm zu Tisch gebeten. Während der anregenden Gespräche kam einer der Erzgebirgler auf den Vorfall zu sprechen, der sich seinerzeit auf dem Geisingberg abgespielt hatte. Er bedauerte diesen Irrtum. Natürlich habe man inzwischen die Wahrheit der neuen Lehre erkannt und könne nur um Vergebung der törichten Verirrung bitten. Luther bemerkte darauf, dieser Scheiterhaufen habe seiner Person und seiner

MARTIN LUTHER.

Lehre nicht weiter geschadet, deshalb falle es ihm leicht, die Sache zu vergeben und zu vergessen. Nachdem die Tafelrunde über Luthers Bonmot gebührend gelacht hatte, fügte der Mann hinzu: »Ich danke euch dafür. Aber ich habe noch eine andere Schuld zu beklagen. Meine Grube ist niedergegangen, und ich bin mit 500 Gulden verschuldet.« Luther spürte wohl, daß in den Worten ein Bettelgesuch steckte und antwortete: »Ihr Bergleute! Wenn ihr am ärmsten seid, blüht euch das Glück am holdesten. Die Not lehrt euch beten und mäßig zu sein. Ihr wisset selbst nicht, wie reich ihr seid. Ziehet heim und glaubet an den Allmächtigen – er läßt immer von neuem das Erz wachsen und gibt es denen, die fleißig sind und gottesfürchtig.« Als nun der Bergmann wieder heimkam, wartete die Botschaft auf ihn, in seiner Zeche sei eine gute Ader angetroffen worden. Er konnte alle seine Schulden begleichen und sogar noch einige Gulden auf die hohe Kante legen.

LAUENSTEIN

Der Ort, malerisch von dem Flüßchen Müglitz umflossen, wird charakterisiert durch eine Burg, die die Markgrafen von Meißen hier am Anfang des 13. Jahrhunderts erbauen ließen, weil sie sich im Streit mit dem Burggrafen von Dohna, der »Dohnaischen Fehde«, die Kontrolle über die Paßstraßen nach Böhmen sichern wollten. Ein kostbares künstlerisches Kleinod findet man in der Kirche des Ortes, eine von Lorenz Hörnig (Hornung?) 1611 aus Pirnaer Sandstein geschaffenes Epitaph, das den Adligen Günter von Bünau mit seinen beiden Frauen und den elf Kindern zeigt. Das Meisterwerk beeindruckt nicht nur durch seine Qualität, sondern auch durch seine neun Me-

LAUENSTEIN.

ter Höhe und die Edelsteine, mit denen es geschmückt ist. Der Falknerbrunnen vor dem Schloß, erschaffen 1912 von dem Dresdener Bildhauer R. Hölbe, erinnert an folgende Geschichte:

Glückliche Fügung am Katharinenstein

Agnes Katharina von Bünau verlor 1651 ihren Gemahl. Sie war nun Schloßherrin und gebar drei Monate nachdem sie Witwe geworden, einen Knaben. Als der ungefähr zwei Jahre alt war, machte Katharina mit ihm einen Spaziergang zu einem nahe gelegenen Hügel. Das Kind bettete sie ins weiche Gras, während sie umherstreifte, um Blumen zu pflücken. Da kam plötzlich ein großer Greifvogel aus dem Wald geflogen, faßte den schlafenden Knaben mit seinen Fängen und trug

FALKNER AUF DEM BRUNNEN VON LAUENSTEIN.

ihn dem nahen Felsen zu. Der Förster hatte zufällig diesen Vorfall beobachtet. Er legte seine Flinte an und wußte den tief fliegenden Raubvogel so zu treffen, daß das Kind unverletzt blieb, ja das Schicksal wollte es sogar, daß der Kleine auf den Federbalg des Vogels fiel und auf diese Weise gänzlich wohlbehalten war, als seine besorgte Mutter herzu eilte und ihn an sich drückte. Zum Dank für diese wunderbare Errettung ließ die Gräfin einen Glockenturm auf dem Hügel erbauen. Der Turm ist inzwischen im Sturm der Jahre untergegangen. Doch der Hügel heißt noch immer der Katharinenstein.

AUGUSTUSBURG

Schloß Augustusburg besticht nicht nur durch seine Lage auf dem 516 m hohen Schellenberg im Zschopautal, sondern auch durch verschiedene Attraktionen, wie den lustig ausgemalten Festsaal »Hasenhaus«, eine Falknerei, einen im Originalzustand erhaltenen Pferdegöpel, eine Drahtseilbahn und ein viel besuchtes Motorradmuseum. Die Stadt hat erst 1899 ihren heutigen Namen bekommen, vorher hieß sie Stadtschellenberg.

Prinz Lieschen auf der Augustusburg

In Lunzenau lebte eine Weberstochter, Lieschen Apitzsch. Sie sollte verheiratet werden mit einem, den sie nicht leiden mochte. Also ergriff sie bei Nacht und Nebel die Flucht, als Mann verkleidet. Lieschen hatte eine wenig weibliche Statur, so daß man sie leicht für einen jungen Burschen halten konnte. Sie selbst hat später geäußert, wenn sie nicht die Pocken gehabt, hätte sie glatter im Gesicht ausgesehen. Das Mädchen gab sich als Barbier aus und nahm in Leipzig Wohnung bei einer Schaustellerin. Nun hatte diese eine Tochter, die bald allzu offenkundig Gefallen an dem jungen Barbier fand, so daß Lieschen nichts anderes übrig blieb, als wiederum zu flüchten. Diesmal kam sie ins Erzgebirge, ernährte sich in Schneeberg und Aue durch Betteln und Hausieren, kurzum, sie trieb sich herum. In Elterlein nahm sie dann Quartier bei einem Bäckermeister. Nun wollte es der Zufall, daß in diesem Jahr, 1714, das Gerücht kursierte, der Kurprinz bereise inkognito das Land, und einige Leute in Elterlein hielten den »jungen Mann« für denselben, zumal Lieschen wohl ein Benehmen und eine Ausdrucksweise hatte, die »... darauf schließen ließen, sie sei eine Standesperson«. Ein Höfling, der seine Karriere bei Hofe im Auge hatte, stattete die Person mit Leibwäsche und feinen Kleidern aus, obwohl ihm Lieschen immer von neuem beteuerte, sie stamme aus armen Verhältnissen und nicht aus Adelskreisen. Sie verbat sich den Handkuß und die Anrede »Hoheit«, aber das trug nur dazu bei, daß die Leute umso mehr glaubten, es handele sich dabei nur um Wahrung des Inkognito und um Vertuschung der wahren Identität. Als sie aus irgendeinem banalen Grund von einem Juristen nach ihrer Herkunft befragt wurde, antwortete sie in ihrer Verlegenheit: »Das sage ich nicht, denn ich bin an einen Eid gebunden. Sage er nur, ich sei ein Bursche aus Sachsen.« Worauf dieser schmunzelnd antwortete: »Nein, ich frage nicht. Ich mache mir meine eigenen Gedanken.«

Der Höfling, ein gewisser Daniel Volkmar, war felsenfest überzeugt, den Kurprinzen vor sich zu haben, und er raunte Gastwirten und anderen Leuten hinter dem Rücken zu, welch hohen Gast sie die Ehre hatten zu bewirten. Schließlich kam es dazu, daß man mit »Prinz Lieschen« in Hetzdorf und sogar auf der Augustusburg rauschende Feste feierte. Der Boden wurde dem Mädchen allmählich zu heiß unter den Füßen, so daß sie von neuem zu entkommen suchte. Doch diesmal mißglückte die Flucht. Bei Hofe in Dresden hatte man wohl herausgefunden, daß da jemand hochstaplerisch sich Vorteile verschaffte. Lieschen wurde verhaftet, und dabei kam nun ihr wahres Geschlecht ans Tageslicht. Noch einmal besuchte sie die Augustusburg, doch diesmal in Fesseln. Man verurteilte sie »... als Weibsmensch, welche sich ehemal für einen Prince ausgegeben«. Sie kam ins Zuchthaus nach Waldheim, doch

DIE AUGUSTUSBURG.

scheint sie dort nicht viel gelitten zu haben. In einer Akte heißt es: »... hatte ihre eigene reinliche Stube, speiste mit den Aufsehern, ging gewöhnlich im Amazonenhabit und soll sich aufgeweckt und munter gezeigt haben.« Schon nach einem Jahr wurde sie begnadigt, und eine Chronik sagt, daß »... viele Leute curiös gewesen, sie zu sehen, da sie denn annoch halb Manns- und halb Weibskleider trägt«.

VOM LEBEN DER EINFACHEN BERGLEUTE

OLBERNHAU

In der Kammregion zwischen Ost- und Westerzgebirge liegt die Stadt Olbernhau. Die Saigerhütte im Ortsteil Grünthal, die von 1537 bis 1914 gearbeitet hat, besteht aus 22 historischen Bauten und gibt dem heutigen Besucher ein sehr anschauliches Bild vom Arbeitsleben in der Metallurgie, als diese noch handwerklich betrieben wurde. Die Anlage, früher eine geschlossene Gemeinde mit allem Lebensnotwendigen einschließlich einer eigenen Schule, ist einmalig in Europa.

Das verschwundene Bergwerk

In Neudörfel, einem kleinen Ort bei Olbernhau, gab es einen Schmied, der bei den Nachbarn im Verdacht stand, Silber zu gießen. Fragte man ihn danach, so antwortete er ausweichend, das Metall, aus dem er Gegenstände gieße, sei ihm in seiner Zusammensetzung nicht bekannt. Im Jahr 1735 kam ganz zufällig der Richter von Ansprung in den Ort, als der Hufschmied wieder mit dem Schmelzen beschäftigt war. Der Richter fragte ihn abermals nach der Art des Metalls, worauf der Mann antwortete, er habe im Theesenwald ein Stück von einem Felsen abgeschlagen, der gerade am Wege stand, und es in den Schmelztiegel geworfen. Da begehrte der Richter, diesen Felsen zu sehen. Er nahm eine Probe davon mit und ließ sie in der Saigerhütte prüfen.

Die Untersuchung hatte ergeben, daß es sich um einen extrem hohen Gehalt an Kupfer und Silber handelte. Der Richter meldete beim Bergamt seinen Anspruch an, schürfen zu dürfen, und schon einige Tage später suchten an die 60 Mitbewerber ihr Glück an diesem Ort. Dabei stellte sich heraus, daß bei weitem nicht alle Steine Erz enthielten, sondern viel taubes Gestein darunter war, auch manches, das nur geringfügige Mengen Metall erbrachte. Selbst Proben, die von Freiberger Hüttenleuten entnommen und geprüft wurden, ergaben nur mäßige Resultate, so daß sich viele betrogen oder vom Glück verlassen fühlten. Der Ansturm hörte auf, es wurde still um den Theesenwald. Manche behaupteten, der Hufschmied habe seine Umgebung getäuscht, um das Geheimnis seiner Fundstelle nicht preiszugeben – aber die meisten glaubten eher, daß die Berggeister das edle Gestein in taubes verwandelt hätten aus Ärger über den großen Andrang.

Vom 17. bis ins 19. Jahrhundert wurden in Grünthal Münzen geprägt und Gewehre hergestellt, was Olbernhau den Beinamen »Waffenschmiede Sachsens« einbrachte. Im »Althammer« kann man noch heute den großen Hammer bewundern, auf dem Zar Peter der Große geritten ist, während das Werk in Betrieb war.

Die Sage vom Hütten-Matthes

In der Saigerhütte lebte einst der Hammerverwalter Matthes. Seine Arbeit war ihm überdrüssig, seine Stellung zu gering – er wollte Geld erlangen und Reichtum. Als er miterlebte, welcher Prunk für kurze Zeit in Grünthal einzog, als Zar Peter I. auf seiner Europareise hier Station machte, da geriet seine Unzufriedenheit auf den Höhepunkt. In der Schenke kam er mit einer alten Frau ins Gespräch, die als zauberkundig galt. Die riet ihm zu einem Pakt mit dem Teufel, der ihm alle seine Wünsche erfüllen könne. Matthes ging also zu einer ihm beschriebenen Wegkreuzung, wo er den Teufel traf. Mit seinem Blute unterschrieb er den schändlichen Vertrag. Er enthielt den Passus, Matthes solle immer so viel Geld haben als er brauche, dafür gehöre sein ältester Sohn nach sieben Jahren dem Teufel. Matthes lachte über diese Klausel, denn seine Ehe war kinderlos.

Froh über diese Wendung seines Lebens kam er nach Hause. Seine Frau empfing ihn glückstrahlend und eröffnete ihm, daß sie schwanger sei. Matthes fühlte einen kalten Schauer über seinen Rücken laufen. Von diesem Tag an griff Matthes ins Gold, sobald er nur die Hand ausstreckte. In kurzer Zeit war er der reichste Mann am Ort, doch sein schlechtes Gewis-

PETER DER GROSSE REITET AUF DEM KUPFERHAMMER.

sen vergällte ihm alle Freude über die neue Wohlhabenheit. Als dann endlich sein Sohn geboren wurde, starb seine Frau im Kindbett.

Der Sohn wuchs und wurde ein kräftiges Kind. Der Zeitpunkt kam näher, die Frist lief ab. Da bat er schließlich einen weisen Mann zu sich ins Haus, dem er alle seine Sorgen und Befürchtungen offenbarte. Der Mann war gewillt, ihm zu helfen. In der Stube bereitete er alles zur Beschwörung und Austreibung vor, doch der eigentlichen Zeremonie mußte Matthes unbedingt fernbleiben. Er wurde ins Obergeschoß seines Hauses geschickt.

Doch der Hüttenverwalter hielt es vor Neugier dort oben nicht aus. Nach einiger Zeit schlich er die Treppe herab und versuchte, durch eine Ritze in der Tür das Geschehen zu belauschen. Er sah, wie der Teufel vor seinem Knaben und dem Weisen Mann zurückwich. Schnell verließ er seinen Beobachtungsposten, und da ihm keine Zeit mehr blieb, kroch er in die Hundehütte vorm Haus. Da fuhr auch schon stinkend und zischend und ächzend der Satan aus dem Haus. Vor der Hundehütte hielt er an und brüllte: »Matthes – bleib, was du immer warst – ein Hund!!« Von Stund an hat kein Mensch mehr den Matthes gesehen. Aber des öfteren zeigt sich zwischen den Häusern und Hütten von Grünthal ein schwarzer Hund, den nennen die Leute den »Hüttenmaths«. Neckt ihn jemand oder verhöhnt ihn gar, so springt er die Leute an. Fremden, die ihn in Ruhe lassen, hat er noch niemals etwas getan.

AUE

Die Stadt entstand aus dem Waldhufendorf Aue und dem von Kaiser Friedrich I. Barbarossa gestifteten Augustiner-Chorherrenstift »Klösterlein Zelle«. Sie entwickelte sich durch den Zinnerz-Bergbau stürmisch und erhielt 1626 das Stadtrecht. Die Bergmannssiedlung unterstand nicht der Stadt-, sondern der Berggerichtsbarkeit.

Nach dem Zweiten Weltkrieg wurde Aue zum Zentrum des Uranerz-Bergbaus. Schon 1910 hatte man in der Umgebung radioaktives Wasser entdeckt und den Ort Schlema zum Kurbad gemacht. Diese Tradition ist heute im »Radonbad Schlema« zu neuem Leben erwacht.

Das freigebige Edelfräulein auf der Mulde

Zu Zeiten unserer Vorfahren war im Kösterlein Zelle ein Edelfräulein verstorben, das fand nach dem Tode keine Ruhe, und ihr Geist schwebte des Nachts über die Fluten der Mulde dahin. In einer warmen Sommernacht spazierten zwei Bergleute von Schlema nach Zelle, um dort als Musikanten an einem Fest teilzunehmen. Als sie am Klostersteg angekommen waren, wollten sie ein wenig ausruhen und setzten sich auf einen Baumstamm. Einer kam auf den Gedanken, dem Edelfräulein, von dem hier viel geredet wurde, ein Ständchen zu geigen. Sie ergriffen also ihre Fiedeln und spielten dem Geist des Fräuleins auf.

Als sie ihr Stücklein beendet hatten und schon weiterziehen wollten, sahen sie, daß das verschleierte Fräulein wie ein Schatten über den Wassern herbeischwebte. Aufmerksam betrachteten sie die seltsame Erscheinung, die jedem von ihnen ein Sträußchen zuwarf und sogleich wieder entschwand. Der eine steckte den Strauß andächtig in seinen Kittel, der andere aber warf ihn achtlos auf die Wiese.

Am anderen Morgen fuhren die beiden wieder ein. Der, welcher das Sträußchen eingesteckt hatte, spürte, als er seinen Kittel anziehen wollte, daß dieser eigenartig schwer war. Er faßte in die Tasche und staunte nicht schlecht, als er das Sträußchen hervorholte. Es hatte sich nämlich in schieres rotes Gold verwandelt! Als dies sein Gefährte erfuhr, eilte er sogleich hinaus und suchte das Wiesenstück, auf dem sie in der vergangenen Nacht ausgeruht hatten. Doch so eifrig er sich auch mühte, sein weggeworfenes Sträußchen spürte er nicht mehr auf…

ANNABERG

Gelegen an einem Talhang des Flüßchens Sehma, stellt Annaberg eine der bedeutendsten Erzgebirgsstädte dar. Schon vor der Zusammenlegung mit dem Ortsteil Buchholz war es der reichere, kulturell bedeutsamere Teil gewesen. In der Mitte des 16. Jahrhunderts arbeiteten hier mehr als 2000 Bergleute in 380 Zechen, Annaberg war die zweitgrößte Stadt des meißnischen Landes. Der »Rechenmeister des deutschen Volkes«, Adam Riese, arbeitete hier 36 Jahre lang als Rezeßschreiber im Bergbau. Die St.-Annen-Kirche ist die größte Hallenkirche Sachsens.

ANNABERG UM 1600.

ST. ANNEN-KIRCHE IN ANNABERG.

Annaberg und seine Hungerfichte

Auf dem Annaberger Friedhof stand eine ansehnliche Fichte, über die die folgende Legende kursiert: Die Jahre 1771/1772 waren Schicksalsjahre für das gesamte Erzgebirge, denn es herrschte eine schreckliche Hungersnot. Manche Familien konnten ihre Kinder nur am Leben erhalten, wenn sie der Suppe Eicheln oder Kastanien zusetzten. Bei Frohnau wohnte in einem ärmlichen Holzhäuschen die Bergmannsfamilie Hähnel. Die Mutter war an einer Seuche erkrankt, welche die Hungerepidemie mit sich brachte, und obwohl sie von den Kindern rührend umsorgt wurde, starb sie schließlich. Es war kein Geld für ausreichendes Essen da, geschweige denn für die Kosten, die eine Bestattung mit sich gebracht hätte. Also hob der älteste Sohn den Leichnam auf eine Schubkarre und fuhr sie auf den Annaberger Friedhof. Dort half ihm der Totengräber, die Leiche unter die geweihte Erde zu bringen. Auch für ein einfaches Kreuz war kein Geld vorhanden, also holte man aus dem Wald einen Fichtensteckling, um damit das Grab der Mutter zu kennzeichnen. Die Familie suchte sich später in Annaberg Arbeit als Posamentierer, was ihnen ein erträgliches Auskommen sicherte. Von dem alten Haus in Frohnau ist kein Stein mehr übrig geblieben, aber die Fichte hat sich prächtig entwickelt und wird von den Einheimischen »Hungerfichte« genannt.

SCHLETTAU

Die kleine Stadt entstand aus dem Wegekastell am Mündungsdreieck von Zschopau und Roter Pfütze und ist eine der ältesten Ansiedlungen im Erzgebirge. Das Schloß wird auf das 12. Jahrhundert datiert. Er wurde als Wasserburg erbaut mit einem Wassergraben von acht Metern Breite und vier Metern Tiefe. Heute gibt es hier einen ungewöhnlich schönen Schloßpark mit einem malerischen Teich. Vom einstigen Silberbergbau zeugt die Fundgrube »Zum Reichen Spat«.

Das Schneiderminel von Schlettau

Zwischen Scheibenberg und Schlettau trieben früher alle möglichen Zwerge und Kobolde, unter anderem auch der Zwergenkönig Zembokral ihr Unwesen. Sie trugen bunte Höschen und Wamse und neckten die Leute, wo sie nur konnten. Nun kam an einem naßkalten Wintertag die Tochter des Schneiders von Schlettau, das Minchen, in den Wald, um Brennholz zu holen. Da trat ihr der Zwergenkönig entgegen und fragte sie, ob sie ihn nicht vor dem kalten Wind und dem Schnee schützen könne, er friere und sei müde. Da hatte sie Mitleid mit dem kleinen Mann und setzte ihn in ihren Tragkorb. Aber der kleine Karl war schwerer als sie angenommen hatte. Nachdem sie alle Kräfte zusammennehmen mußte, kam sie zu Hause an und setzte den Korb ab. Doch statt dem Zwerg war darin ein riesiger Klumpen Silber. Sie traf den Zwergenkönig und seine Frau des öfteren, denn er erschien ihr jedesmal, wenn er und seine Familie Sachen zum Anziehen brauchten. Das Schneiderminel fertigte ihm schöne Kleider und erhielt dafür jedesmal eine so reiche Belohnung, daß sie gar bald heiraten und eine Familie gründen konnte, die später zu den wohlhabendsten von ganz Schlettau gehörte.

GRÜNHAIN

In den Fichtenwäldern des Westerzgebirges, bei den Bergen Spiegelwald und Schatzenstein, wurde um 1233 ein Kloster errichtet, dessen Besitz auf 56 Dörfer und drei Städte anwuchs. Heute ist davon nicht mehr viel erhalten außer der zwei Kilometer langen Klostermauer und dem »Fuchsturm«. Bemerkenswert ist die »Zwanzigergemeinde«, eine Gemeinschaft von zwanzig Bürgern, die am Ende des Mittelalters vom Kloster Land erwarb und den Versuch der kollektiven landwirtschaftlichen Nutzung machte.

Kobold und Nickel im Spiegelwald

Der stark erzhaltige Spiegelwald wurde, als der Bergbau im Erzgebirge in höchster Blüte stand, mehr und mehr von Häuern durchwühlt, so daß sich die beiden Berggeister Kobold und Nickel, die in den Tiefen des Berges wohnten, erheblich in ihrer Ruhe gestört fühlten. Sie berieten, wie sie die erzgierigen Leute vertreiben könnten. Kobold sprach: »Ich werde mein Silbererz in Kobalt verwandeln.« Und der andere erwiderte: »... und ich mache all mein Silber zu Nickel.« Gesagt – getan. Immer stärker ließen die Silberfunde nach, und die Bergleute, die damals mit Nickel und Kobalt noch nichts anzufangen wußten, zogen weiter. Doch Alchymisten kamen und versuchten, aus den Mineralien den Stein der Weisen zu machen oder sie zumindest in edlere Metalle zu verwandeln, aber auch das mißlang. Die beiden Berggeister haben sicher nicht geahnt, welche Wohltat sie am Ende den Menschen gebracht haben, da diese Rohstoffe heute für die Herstellung von Edelstahl und andere Metall-Legierungen dringend gebraucht werden.

Das Grünhainer Kloster wurde nicht etwa durch die Reformation oder im Dreißigjährigen Krieg zerstört – schon 200 Jahre zuvor äscherten es die Hussiten ein, und was übriggebliebben (oder wieder errichtet) war, brannten 1536 aufständische

Bauern zusammen mit der Stadt nieder. Fieberhaft indessen arbeiteten die Silbergruben noch während des verhängnisvollen Glaubenskrieges.

Die glücklose Glückszeche von Grünhain

Was im Dreißgjährigen Krieg in den Zechen von Grünhain getan wurde, kann man nicht mehr Bergbau, man muß es Raubbau nennen. Zudem wurden kaum Sicherheitsvorkehrungen für die Bergleute getroffen. Stattdessen verließen sich viele auf sogenannte »Schutzbriefe«, die von einer Witwe Otth

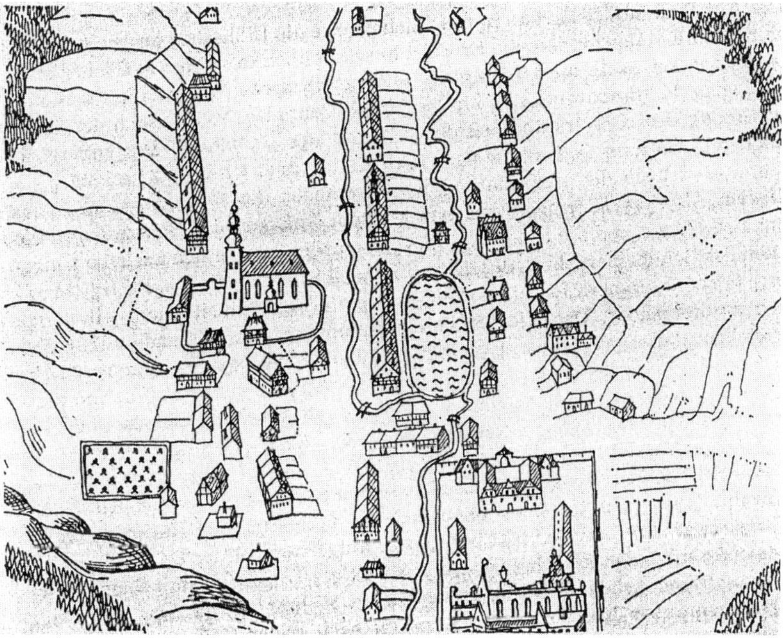

GRÜNHAIN UM 1700.

geschrieben wurden, die sich angeblich auf die Zauberei verstand. Sie kosteten nicht wenig Geld und sollten gegen Gefahren schützen.

Das Frühjahr kündigte sich durch heftiges Tauwetter an. Zur Grube, die man die »Glückszeche« nannte, hatten sich tiefe Rinnen gebildet, in denen das Tauwasser wie aus Sturzbächen ins Tal hinab strömte. In der Grube lief es in Strömen an den Wänden herab. Ein junger Häuer fühlte in seinem Wams ein Papier. Es war ein Schutzbrief, den ihm seine Mutter, eben jene Witwe Otth, zugesteckt hatte. Nun war der Sohn so ziemlich der einzige in Grünhain, der nicht an die Wirkung solchen Zaubers glaubte, und er warf ihn in den Schmutz. Während der Schicht hörten die Bergleute Klopfzeichen in den hölzernen Verschalungen. Vorsichtshalber kletterten alle nach oben, nur der junge Otth blieb an seinem Platz und sagte: »Ich lasse mich doch nicht von Kobolden irritieren.« Kaum hatte er es ausgesprochen, da erbebte die Erde, die Stützen gaben nach, und mit Getöse stürzte erst das Gebälk, dann der ganze Schacht in sich zusammen. Die Ruhe, die danach eintrat, wirkte auf die Knappen fast schmerzhaft. Der junge Otth fehlte, das stellte man sofort fest. Die Witwe Otth, seine Mutter, eilte zum Bergwerk. Unterwegs sah sie, daß ihr Brief im Tauwasser trieb. Da ahnte sie Schlimmes. – Drei Tage und drei Nächte hat sie zum Himmel gebetet, um Erbarmen für sie und ihren Jungen. Dann hat sie verzweifelt eine Schüssel Erbsen geholt und eine nach der anderen in die wüste Grube geschüttet, so daß es kollerte und rollerte, und sie murmelte dazu: »Soviel ich davon hineingebe, so viel hundert Jahre soll der ganze Spiegelwald verflucht sein.« Die Leute scheuten sich, danach noch von der Glückszeche zu sprechen ...

JOHANNGEORGENSTADT

Dicht an der Grenze zu Tschechien liegt die Stadt, die schnell erbaut, später schnell abgerissen und dann wieder erbaut wurde, Johanngeorgenstadt. Die erste Gründung verdankt die Stadt böhmischen Exulanten - wegen ihres Glaubens Vertriebene, die mit ihrer evangelischen Überzeugung im katholischen Umfeld nicht geduldet wurden. Sie bekamen von Kurfürst Johann Georg I. die Zusage, ein Bergstädtchen gründen zu dürfen, das bald schon zu hoher Blüte kam. Als nach 1945 in der Region Pechblende abgebaut wurde, jener Grundstoff für die Atombombe, machte man Teile des Ortes dem Erdboden gleich. Seit der politischen Wende von 1990 tun die Ansässigen alles, um die Stadt in neuer Schönheit erstehen zu lassen.

DIE KIRCHE IN JOHANNGEORGENSTADT, UM 1840.

Wie Oswald Solbrich gerettet werden konnte

Der Besitzer des Hauses »Zum Fels« in Johanngeorgenstadt, Oswald Solbrich, stieg an einem Wintertag des Jahres 1670 zusammen mit einem Kameraden in den Schacht nahe bei seinem Haus hinab. Sie wollten erkunden, wieviel Erz noch im Gestein sei. Solbrich sah zu seinen Füßen etwas glänzen, erhob seinen Feustel und schlug gegen den Boden. Doch der Boden gab nach, die Schachtwand löste sich, und Solbrich stürzte an die zwanzig Meter in die Tiefe, wobei sich viel Geröll und Erde über ihn ergossen. Doch er hatte Glück im Unglück: Ein großer Stein setzte sich über das Loch, in dem er feststeckte. So war er zwar lebendig, aber auch lebendig begraben. Sein Begleiter hatte nicht bemerkt, was geschehen war, er hörte nur ständig von unten die Rufe: »Ich lebe noch…!« Er holte, so schnell es eben ging, Hilfe herbei. Die Bergleute wollten den Verschütteten von unten angehen, doch er sagte: »Die Kälte, die in den Stollen zieht, wird mich umbringen!« Denn es war Januar und bitterkalt. So brachte man also in aller Vorsicht das Gestein von oben her zur Seite. Mehrere waren es, die da heftig arbeiteten, aber sie brauchten, obwohl sie ohne Unterbrechung gruben und schlugen, einen ganzen Tag, die Nacht und noch einen Tag, bis sie Solbrich endlich aus seinem Gefängnis befreien konnten. Er war nicht verletzt, aber vor Kälte wie außer sich. Als man ihm sagte, er habe 38 Stunden eingeklemmt verbracht, da wollte er es nicht glauben. Als er wieder ganz genesen war, faßte er den Entschluß, nie wieder unnötig durch Klopfen die Beggeister zu erzürnen.

FLÜCHTLINGSZUG AUF DEM WEG NACH JOHANNGEORGENSTADT.

Als es in Johanngeorgenstadt mit dem Bergbau zu Ende ging, siedelten sich andere Handwerke an, eine Glashütte, eine Schwefelhütte, Kunsttischlereien. Nach dem kurzen Intermezzo der WISMUT AG, was eine befristete Rückkehr zum Bergbau darstellte, sind die Halden rekultiviert, ist viel Neues entstanden und der Ort nunmehr zu einem Zentrum des Wintersports geworden.

Der Hähnel-Schatz

In Johanngeorgenstadt lebte zu Zeiten der reichen Erzfunde ein Grubenbesitzer mit Namen Hähnel, der war binnen kurzer Frist zu einem schwerreichen Mann geworden. Für eine große Geldsumme ließ er die Kirche innen und außen renovieren, dafür gestattete ihm der Pfarrer, von seinem Wohnhaus einen unterirdischen Gang zum Gotteshaus graben zu lassen, durch den er auch bei Schnee, Regen und Hagelschlag die Kirche trocknen Fußes erreichen konnte.

Fundgrübner Hähnel hatte ein Prinzip: Er bewahrte nie größere Summen von Geld im Haus auf. Nun, da er einen solchen geheimen Gang besaß, schachtete er darin ein Versteck aus, in dem er all seine Barschaft vergrub. Und nachdem Hähnel gestorben war, wußte niemand über den Verbleib seines gewaltigen Vermögens Bescheid.

Beim großen Stadtbrand gehörte Hähnels Haus zu den vielen eingeäscherten, und als die Brandstelle schließlich verkauft wurde, war der Schatz überhaupt nicht mehr auffindbar unter den Trümmern.

Der neue Besitzer des Grundstücks ließ sich darauf ein neues Haus bauen. Er entdeckte bei der Suche nach noch verwendbaren Bausteinen zunächst den unterirdischen Gang, und bei weiterem Nachforschen fand er auch das Versteck. Und er brauchte einen Schubkarren, um all die gefundenen Münzen fortzuschaffen. Vom Hähnel-Schatz kaufte er sich Gruben – so konnte das Geld, das vom Erz kam, wieder dem Erz zu Leibe gehen.

ZSCHOPAU

Die Stadt wurde am Flußübergang der Handelsstraße von Leipzig nach Prag gegründet. Schloß Wildeck ist ein ansehnlicher mittelalterlicher Bau, der schon früh zum Jagdschloß für die sächsischen Fürsten umgestaltet wurde. Bekannt ist vielen Freunden des Motorsports die Stadt als Wiege der MZ-Motorräder, die in aller Welt einen guten Ruf genießen.

Der silberne Tannenzapfen

Vor langer Zeit betrieb in dem Flecken Grund bei Zschopau ein alter Bergmann eine Schenke. Viele seiner Gäste wunderten sich über einen silbernen Tannzapfen, den er auf der Theke stehen hatte und der so natürlich aussah wie ein am Baum gewachsener. Und manchen fragten ihn auch, wie er zu einem so kostbaren Stück komme. Er hat dann angefangen, von seinem Großvater zu erzählen, der auch ein Bergmann war. Der war in einer Zeit des Mangels und des Hungers krank geworden. Da er sieben Kinder hatte, ging es im Hause sehr sparsam zu, und manchen Abend mußten alle hungrig einschlafen, weil es sogar am Brot mangelte.

An einem schönen Tag ging seine Frau mit dem Tragekorb

in den nahen Wald, um Tannäpfel zu sammeln, die als Brennmaterial begehrt waren. Vielleicht bekäme sie für einen Korb voll ein Stückchen Brot. Doch sie fand nur wenig, und als die Mittagszeit herangekommen war, da setzte sie sich an den Wegrand und dachte über ihre Lage nach. Da mußte sie weinen. Und wie sie die Augen öffnete, da stand auf einmal ein altes Männlein vor ihr mit einem eisgrauen Bart, das fragte: »Was fehlt dir? Warum weinst du?« Froh darüber, mit jemandem über ihre Sorgen sprechen zu können, schüttete sie ihr Herz aus und erzählte sogar, daß sie Tannäpfel sammle, um Brot dafür einzutauschen. »Sei nur nicht verzagt«, sagte das Männlein, »und geh zum Hübichenstein, dort gibt es Tannenzapfen im Überfluß.« Mit diesen Worten löste sich das Männlein mit dem eisgrauen Bart in Luft auf.

Tatsächlich ging die Frau zum Hübichenstein, und da erlebte sie, daß von allen Seiten Tannäpfel auf sie zugeflogen kamen. Sie nahm an, das Männlein sei vielleicht doch ein Schreckgeist, der nur Schabernack im Sinn hat, ergriff ihren Korb und rannte davon, aber die Tannäpfel flogen ihr nach und sammelten sich alle in ihrem Tragekorb, so daß der gleich voll war. So machte sie sich auf den Heimweg. Je weiter sie vorwärts kam, desto schwerer wurde ihr die Kiepe, und sie dachte: »Eine alte Frau ermüdet eben sehr leicht.« Doch als sie zu Hause ankam und ihren Korb im Schuppen entleerte, da bekam sie ganz große Augen – lauter silberne Tannenzapfen fielen heraus! Schnell ging sie zu ihrem kranken Mann in die Stube, um ihm davon zu erzählen. Sie sagte: »Ich glaube, es ist unrecht Gut, und ich darf es wohl nicht behalten.« Aber ihr Mann sagte, was sie gefunden habe, dürfe sie auch bewahren, und er kenne den kleinen Wicht schon vom Erzählen, das sei der Gübich, ein guter Berggeist. Der sei immer zur

ZSCHOPAU.

Stelle, wenn arme Leute Hilfe brauchen. Am Tag darauf ging sie noch einmal in den Wald, an dieselbe Stelle. Aber nicht etwa, um noch mehr Silber zu raffen, sondern um sich für die Gabe zu bedanken. Wirklich tauchte er wieder auf, der Kleine mit dem eisgrauen Bart. Auf ihre Dankesworte lachte er nur freundlich und drückte ihr ein Bündel Kräuter in die Hand, davon solle sie ihrem kranken Mann einen Tee bereiten.

Nachdem er verschwunden war, ging die Frau nach Hause und kochte ihrem Mann von den Waldkräutern einen Trank. Davon wurde er noch am selben Tag gesund. Die zwei haben noch lange glücklich miteinander gelebt. Die silbernen Tannenzapfen haben sie an die Münzstätte verkauft und ein Vermögen dafür bekommen. Einen Zapfen allerdings haben sie behalten und zum Andenken aufgehoben. Das war der silberne Tannenzapfen, den der Bergmann in seiner Schenke stehen hatte.

SAGEN UM DIE BERGHERREN

WASCHLEITHE

Der idyllische Ort hat mehrere Anziehungspunkte für Urlauber, zum Beispiel das »Kleine Erzgebirge« im Heimateck, wo erzgebirgische Sehenswürdigkeiten miniaturisiert aufgestellt sind, zum Beispiel das Lehr- und Schaubergwerk »Herkules-Frisch-Glück« mit der Geschichte des Bergbaues, zum Beispiel die »Köhlerhütte«, den Schauplatz des Prinzenraubes von 1455 - heute ein bequemes Hotel, und nicht zuletzt die Ruine der Oswald- oder Dudelskirche, von der unsere nächste Sage berichtet.

Die Dudelskirche bei Waschleithe

Der reiche Besitzer eines Hammerwerks, Caspar Klinger mit Namen, war durch sein Leben im Überfluß so selbstherrlich geworden, daß er niemandes Gruß erwiderte. Da kam eines

Tages ein gleichfalls wohlhabender Bergherr aus Elterlein vorbei, der ein freundliches »Glück auf!« über die Mauer rief. Doch Klinger dachte nicht daran, für den Gruß zu danken. Der Wanderer sagte ihm deshalb einige grobe Worte. Kritik konnte Klinger nicht vertragen, und Beleidigungen schon gar nicht. So beriet er zusammen mit seinem Bruder, wie man dem Manne seine ungeschminkten Worte heimzahlen könne.

Es kam der Tag, an dem die Klinger-Brüder erfuhren, daß alle Bediensteten des Herrn in Elterlein zu einem Volksfest waren, der Bergherr somit allein. Sie verschafften sich gewaltsam Zutritt zu seinem Haus und erschlugen den Unvorbereiteten mit einem Beil.

Doch es hatte Zeugen für die Untat gegeben, und die Brüder hielten es für gut, sich selbst beim Gericht anzuzeigen. So gab es eine Verhandlung, und zum Schein wurden sie zum Tode durch den Strang verurteilt. Jedoch war eine Vereinbarung getroffen worden: Klinger bot an, zur Sühne für den Mord eine Kirche für den heiligen Oswald zu bauen und dem Ort Elterlein Geld zu schenken, was die Herren Richter bewog, Gnade walten und es bei der Geldbuße bewenden zu lassen.

Sogleich wurde hurtig zu bauen angefangen, und binnen einem Jahr stand die Kirche, innen und außen auf das prächtigste geschmückt und ausgestattet. An dem Morgen, da die Kirchenoberen eintrafen, um das Gotteshaus feierlich zu weihen, da zogen sich über dem Tal schwarze Wolken zusammen. Man sah ringsum bedenkliche Gesichter, und der Glöckner weigerte sich, bei einem aufziehenden Gewitter die Glocke zu läuten. Doch Klinger war ein eigensinniger Mann. Er drängte den Glöckner zur Seite und schickte sich an, die Glocke selbst in Bewegung zu setzen. Doch da wurde es taghell, ein Blitzstrahl fuhr herab, tötete Klinger auf der Stelle und setzte die ganze Kirche in Brand. Da man in diesem Ereignis ein Gottesgericht erblickte, wagte es niemand, den Brand zu löschen. Auch hat man niemals wieder den Versuch unternommen, die Kirche aufzubauen.

SCHEIBENBERG

Der Ort liegt am Fuße des gleichnamigen Berges, der neben Pöhlberg und Bärenstein mit seinen 80 Metern Höhe einer der großen Basaltberge des Westerzgebirges ist. Sehenswert sind die sechseckigen Basaltsäulen, die 2 m dick und bis zu 20 m hoch sind.

Die kaltherzigen Bergherren von Scheibenberg

Die Ansiedler, die dem Aufruf der Grafen von Schönburg zur Stadtgründung gefolgt waren, legten ein schachbrettartige Siedlung an, mit sechs geraden Längs- und fünf Querstraßen. In den ersten Jahren waren die Erzvorkommen so reich, daß viele von den Zechenherren zu großem Reichtum kamen. Zu ihnen gehörte Andreas Reichel, dessen Schacht sich unter dem Friedhof befand. Er hatte mit seinen Knappen die Zeche gut ausgebaut und abgestützt, so daß eine gewinnbringende und zugleich sichere Förderung des Erzes möglich wurde. Mitten in der Arbeit und ganz unverhofft starb er jedoch und hinterließ eine Tochter, die gutmütig, aber einfältig war. Nun gab es natürlich eine Anzahl Nachbarn, die ein Auge auf Reichels Besitz geworfen hatten, den dieses Mädchen erbte. Einige von ihnen verstanden es, das unerfahrene dumme

DIE GRÜNDUNG SCHEIBENBERGS.

Menschenkind zu betrügen und ihr das Bergwerk für einen Pappenstiel abzukaufen. So versprachen sie ihr ein Paar neue Schuhe und ein neues Kleid, sobald die Grube Gewinn brächte. Aber sie waren weit davon entfernt, ihr Wort zu halten, sondern rieben sich nur die Hände, weil sie ein gutes Geschäft gemacht hatten. Da ging das einfache Mädchen eines Tages zur Zeche ihres Vaters, wo sie niederkniete, die Muttergottes anrief und sich bitter über das Unrecht beklagte, das ihr widerfahren war. Nachdem sie das Amen gesprochen hatte, schlossen sich alle angebrochenen Schürfstellen, und die Erzadern verschwanden. Von diesem Tag an ist in der Reichelschen Zeche aller Bergsegen ausgeblieben.

EBERSDORF

Der Ort, der heute ein Stadtteil von Chemnitz ist, kann sich einer wohl einzigartigen romanischen Wallfahrtskirche rühmen. Zu ihrer Innenausstattung gehören ein großer Flügelaltar von 1513, Madonnen und Vesperbilder aus dem 14. und 15. Jahrhundert sowie der vollplastische Grabstein eines Ritters, den der berühmte Plastiker Hans Witten (1505?) schuf.

Die Wallfahrt nach Ebersdorf

Am letzten Tag des Jahres 1212 brachen die Freiberger Zisterziensermönche zu einer Wallfahrt nach der Stiftskirche »Unserer lieben Frauen« zu Ebersdorf auf, um Gott für den Bergsegen zu danken, den er der Stadt Freiberg geschenkt hatte. Obwohl klirrender Frost herrschte, kamen die Fratres wohlgelaunt singend beim Schieferbach an. Da stürmten plötzlich Räuber auf den Pilgerzug ein und versuchten die kostbaren Geräte und Kleinodien, die bei einer solchen Pilgerfahrt nicht fehlen durften, an sich zu bringen. Der Zug stob auseinander. Viele der Mönche flohen ins Dickicht, andere brachen in Jammern und Wehklagen aus, der Schirmvoigt mit seinen Klosterknechten warf sich hingegen furchtlos und mannhaft den bewaffneten Räubern entgegen, und es entbrannte ein wütender Kampf. Am Ende siegte das Gute, und die Räuber flüchteten zur Flöha hinunter, in der Hoffnung, daß sie über den vereisten Fluß entkommen könnten. Doch die Eisdecke trug die vielen Männer nicht, sondern brach in der Mitte des Flusses ein, so daß ein Teil der Halunken in dem eisigen Wasser ertrinken mußte. Die Überlebenden flohen am Ufer entlang und versteckten sich in einer Felsengasse. Die Klosterknechte setzten hinterher und wollten zwischen den Felswänden die Räuber erneut angreifen, doch der Voigt befahl ihnen, ihr Leben zu schonen. Er hatte einen anderen Plan. Man fällte eine Menge Bäume, die man allesamt von oben in die Schlucht hinein warf, dann schleuderten die heiligen Männer brennende Fackeln hinterdrein. Binnen kurzer Zeit glich die Felsengasse einem glühenden Ofen, in dem kein einziger der Übeltäter überleben konnte.

Die Felsenschlucht, in der die Räuber ihr Leben verloren, heißt zum Andenken an dieses denkwürdige Ereignis der »Höllengrund«.

CHEMNITZ

Die Großstadt liegt in einem Talkessel, der von dem gleichnamigen Fluß durchzogen ist. Hier hat sich in frühkapitalistischer Zeit eine große Anzahl von Industriebetrieben angesiedelt, die das Stadtbild bis in die jüngste Vergangenheit prägten (»Ruß-Chemnitz«). Die Sehenswürdigkeiten und kulturellen Glanzlichter sind hier zwar nicht so reich ausgeteilt wie in den zwei sächsischen Schwesterstädten Dresden und Leipzig, doch findet der interessierte Besucher recht interessante Kirchen, Reste der alten Stadtmauer, zwei schöne Rathäuser, bedeutende Bürgerhäuser, einige unverwechselbare Museen sowie wegweisende Baudenkmale aus dem 19. Jahrhundert . Der älteste Teil der Stadt ist der Schloßberg, auf dem von Kaiser Lothar im Jahre 1136 ein Benediktinerkloster gegründet wurde. In der Klosterkirche St. Maria (heute Schloßkirche) spielt unsere nächste Geschichte.

Das Geheimnis der Teufelskanzel

Als die große Zeit der Klöster in Deutschland zu Ende ging und die Mönche nicht mehr Schöpfer von Kultur und Bewahrer geistiger und geistlicher Werte, sondern vor allem Prasser und Sünder und Verschwender geworden waren, wurde das Chemnitzer Kloster wegen seiner besonderen Zügellosigkeit im ganzen Lande berüchtigt, und auch der letzte brave Tagelöhner wußte, daß die Schwarzkittel vom Schloßberg gehörig vom Pfade ihrer Tugend abgekommen waren. Kaum hatten die Klosterbrüder den Kirchenbau des neuen Klosters vollendet, da schlich des Nachts der Leibhaftige durch das Portal und begann, gegenüber der Kanzel eine zweite Kanzel zu errichten. Mit bösem Grinsen und höhnischer Genugtuung vollendete er sein Werk. Um aber das Ärgernis der Brüder noch zu vergrößern, vermauerte er zum Schluß den Kanzeleinstieg. Als der Morgen dämmerte, betrachtete er mit grimmigem Wohlwollen seine Schöpfung und machte sich schleunigst davon, um den ersten Kirchgängern nicht zu begegnen. Als nun die Fratres zu ihrem Frühgebet herbeikamen, blieben ihnen die Münder offenstehen angesichts der neuen Kanzel, die sie noch niemals gesehen hatten. Einige versuchten, hinauf zu kommen, aber es gelang ihnen nicht, denn der Zugang war zugemauert. Da schrie einer von ihnen entsetzt auf: Er hatte den Abdruck eines Pferdefußes entdeckt, so daß nun der Schöpfer dieses unheiligen Werkes im heiligen Umfeld unschwer zu identifizieren war. Bald schon war das satanische Bauwerk weithin bekannt unter dem Namen »Teufelskanzel«. Erst 1867 hat man die Kanzeln abgebrochen, und Reste von ihnen sind bis zum heutigen Tag im Schloßberg-Museum zu besichtigen.

DER MARKTPATZ VON CHEMNITZ.

WITTIGSTHAL

Der Ort, ehemals eine Bergmannssiedlung, ist heute ein Teil von Johanngeorgenstadt. An die Bergbautradition erinnern noch ein Schaubergwerk sowie der Pulverturm, in dem seinerzeit das Schießpulver für die Bergsprengungen aufbewahrt wurde.

Der Schatz des Wittigsthaler Bergherrn

In Wittigsthal gab es früher ein bedeutendes Hammerwerk. Sein Besitzer, ein sehr vermögender Mann, war verwitwet und hatte keine Kinder. Auch wußte er niemanden, der es wert gewesen wäre, daß er ihm sein vieles Geld vererben sollte. So bestellte er, als er fühlte, daß es mit ihm zu Ende gehen werde, einen Maurer. Diesem verband er die Augen, und mit einer Hand führte er den Mann in ein System von Gängen und Schächten, während er in der anderen Hand einen Kasten mit seinem Geld trug. Es ging mal nach oben, mal nach unten, dann wieder um die Ecke und zurück. Schließlich schloß der Bergherr eine Tür auf, und man blieb in einem kahlen Raum stehen. Jetzt durfte der Maurer die Augenbinde abnehmen. Er schlug auf Geheiß seines Auftraggebers ein Loch in die Wand, in das der Herr die Kassette mit dem Geld hineinstellte, danach verschloß der Maurer die Öffnung mit Steinen und Mörtel. Hierauf wurden ihm abermals seine Augen verbunden und er ging an der Hand seines Begleiters über den komplizierten, holprigen Weg zurück. Es war ihm nicht möglich, auch nur die Richtung zu erraten, in der beide gegangen waren.

Der Hammerherr starb einige Zeit darauf, und seine entfernten Anverwandten trafen sich, um seinen Besitz, von dem jedermann wußte, untereinander aufzuteilen. Sie durchsuchten das ganze Haus und merkten schließlich, daß kein roter Heller zu finden war. Da erzählte ihnen der Maurer, was geschehen war – und daß es keinen Weg gab, die Barschaft jemals wieder zu finden. Das ganze sprach sich schnell herum. Es machten sich zahlreiche Schatzgräber auf den Weg, um die Hinterlassenschaft zu suchen und zu heben – doch vergeblich. Noch mehrere Generationen haben es erlebt, daß in Wittigsthal Männer mit Schlägel und Hammer umgingen und nach dem Gold Ausschau hielten. Aber der Schatz blieb ungehoben.

FRAUENSTEIN

Die alte Burg Frauenstein, urkundlich schon 1218 bezeugt, ist bei einem Stadtbrand im Jahre 1728 stark beschädigt worden und seitdem allmählich verfallen. Dennoch, auch die Burgruine ist noch eine der imposantesten Ostdeutschlands. Der Orgelbauer Gottfried Silbermann, der im nahegelegenen Kleinbobritsch geboren wurde, hat im Ort Frauenstein seine Jugend verbracht und für die Stadtkirche später zwei Orgeln gebaut (die zweite, nachdem ihre Vorgängerin beim Stadtbrand zerstört wurde).

Der Untergang der Höckendorfer Zechen

Eines der reichsten Bergwerke der Umgebung, in dem acht Gruben in der »Edlen Krone« zusammengefaßt waren, bestand in Höckendorf. Es gehörte den Herren von Theler, die so übermäßig wohlhabend waren, daß sie vor Übermut nicht aus noch ein wußten. Conrad von Theler ließ seine Rösser mit Hufeisen aus gediegenem Silber beschlagen, und wo er durch die Dörfer ritt, warf er mit Münzen um sich. Aber die Leute durften sie nicht aufheben – alle sollten sehen, hier ist der reiche Theler geritten. Sein Bruder ließ sich beim Bade die Füße von seinen Dienerinnen mit Brot und süßem Wein einreiben. Man erzählte sich auch, daß die Familiengrüfte der Ritter von Theler voll silberner Särge ständen.

Conrad soll nun im Sommer des Jahres 1557 der Ritterschaft in seiner »Edlen Krone« ein prunkvolles Fest gegeben haben. Dabei sei alles Geschirr aus Edelmetall gefertigt gewesen, und vom Mundloch aus hätten Diener in gestickten Uniformen die Speisen in silbernen Schüsseln zur Grube getragen, wobei eine große Truppe Musikanten aufgespielt habe. So aß und trank man unmäßig und führte dabei gotteslästerliche Reden. Mitten im Prassen traten einige Bergleute ein, die berichteten, daß draußen sich ein Gewitter zusammenbraue – die Herrschaften sollten doch lieber ausfahren, da man nie weiß, was in einem Bergwerk geschieht, wenn Blitzschläge die Erde erschüttern. Doch einige der Herren lachten darob und führten frevelhafte Reden wie: »... draußen mag es zugehen, wie es will. Hier sind wir sicher.« Da kam ein entsetzlicher Wolkenbruch zustande, die Wasser stürzten, von Blitz und Donner begleitet, aus dem Himmel, und die Blitze jagten einander dermaßen, daß man annehmen konnte, ein Erdbeben erschüttere die Welt. Die Flüsse Bobritzsch und Gimmlitz schwollen im Nu über sieben Ellen hoch an, so daß die Fluten mit großer Macht in das Mundloch eindrangen und die ganze »Edle Krone« binnen kurzem unter Wasser setzten, so daß der Ritter von Theler mitsamt all seinen Gästen und Bediensteten ertrank. Auch das Geschirr und alle anderen Kostbarkeiten wurden verschüttet oder weggeschwemmt. So sind die berühmten Bergwerke innerhalb kurzer Zeit erloschen und vergangen. Nur noch einige Halden und Schlackenhaufen haben daran erinnert, daß hier einst die Höckendorfer Zechen in hoher Blüte gestanden und reichen Gewinn abgeworfen hatten.